마음이 없으면 **핑계**만 보이고
마음이 있으면 **길**이 보인다

전도에 목숨 건 울산온양순복음교회 부흥 이야기

마음이 없으면 핑계만 보이고
마음이 있으면 길이 보인다

초판발행 | 2013년 10월 31일
초판11쇄 | 2016년 05월 23일

지 은 이 | 안호성
펴 낸 곳 | 수엔터테인먼트
발 행 인 | 최남철
디 자 인 | 엔터디자인 홍원준

출판등록 | 제 2004-8호
주　　소 | 서울시 중랑구 망우본동 134-5
전　　화 | Tel 010. 9194. 3215

ISBN 978-89-967062-4-3(03230)
값 12,000원

이책은 수엔터테인먼트사가 저작권자와의 계약에 따라 발행한 것이므로
이 책의 내용을 이용하시려면 반드시 저자와 본사의 허락을 받아야 합니다.
- 잘못된 책은 구입처에서 교환하여 드립니다.

한국교회 전도부흥시리즈 - 1

마음이 없으면 핑계만 보이고 마음이 있으면 길이 보인다

전도에 목숨 건 울산온양순복음교회 부흥 이야기

안호성 지음

수엔터테인먼트

머리말

저는 사무엘상 17장을 참 좋아합니다.

그 유명한 다윗과 골리앗의 싸움으로 우리에게 친숙한 장이지요. 이 내용은 불신자들도 알고 자주 거론할 만큼 잘 알려져 있고 많은 이들이 관심을 갖습니다. 그래서 많은 이들이 말도 안 되는 싸움, 정말 게임이 되지 않는 승부나 대결을 가리켜 '마치 다윗과 골리앗의 싸움 같다' 라고 말하곤 합니다.

하지만 우리들이 주목할 것은 다윗과 골리앗의 현격한 전력의 차이나 말도 안 되는 조건의 승부가 아니라 바로 그 대결의 승자가 누구였느냐는 것입니다.

많은 그리스도인들이 싸움의 결론이 아닌 대결의 불합리함과 말도 안 되는 조건에만 집중하여 그 결과를 망각하고 있습니다.

기억해야 할 것은 승리자는 바로 다윗이었다는 것입니다.

더 정확히 말씀드리면 하나님의 능력을 등에 업은 다윗의 승리였다는 것입니다.

저는 이 책을 통하여 개척을 준비하고 있는 귀한 사자목사님들, 또한 한계에 부딪혀 절망하며 포기하려 하는 교회들, 또한 영혼 구원의 열정을 가지고 전도에 힘쓰고 있는 성도님들이 바로 이 시대의 다윗임을 상기시켜 드리고자 합니다.

이 시대에 개척을 시도한다는 것, 이 시대에 부흥을 꿈꾼다는 것, 이 시대에 전도의 열매를 맺는다는 것은 마치 다윗이 골리앗을 향하여 돌진하는 형국과 비슷할 것입니다.

이 악한 세대와 안티 기독교적 정서 속에서 전도하며 부흥을 꿈꾼다는 것은 소년 다윗이 거인족의 용사 골리앗에게 도전하는 것과 다르지 않을 것입니다.

하지만 반드시 기억해야 합니다.

여전히 하나님이 살아 계심을 믿고, 그 능력을 의지하며 할 수 있다는 마음만 가진다면 이 시대에도 다윗이 아닌 골리앗이 박살나 쓰러질 것이고, 이 시대의 다윗은 바로 당신이 될 것입니다.

하나님은 살아 계십니다!

골리앗에 대한 다윗의 분노는 바로 살아 계신 하나님에 대한 골리앗의 능멸과 부정이었습니다.

그래서 다윗은 골리앗에게 항전하며 반복적으로 '살아 계시는 하나님'을 외쳐 대고 있습니다.

교회의 침체와 교인수 감소로 인한 교회의 문닫음이 이어지고, 개척을 주저하는 현실적 분위기로 인해 많은 사역자들이 임지를 찾지 못하는 상황에서, 오히려 타 종교들의 교세 확장과 이단들의 공격적 영역 확장으로 인하여 마치 교회는 머리카락 잘린 삼손처럼 조롱당하고, 하나님의 살아 계심은 의심받고 있습니다.

이러한 시대적 대세에 무릎 꿇지 아니하고 전도와 부흥에 목마른 사자목사님들과 성도들이여! 다윗의 이 거룩한 분노가 여러분의 심장에 담기길 바랍니다.

이 시대에도 하나님은 시퍼렇게 살아 계시고, 그 능력 여전하실진대 그것을 믿음의 입술로 주장하는 자들이 아니라 삶으로 증명해 보이는 이 시대의 다윗이 되길 축복합니다.

저는 원래 목회자 가정에서 태어나 자라면서 죽어도 목회자는 되지 않겠다고 다짐했었습니다. 어린 나이에 항상 따라다니는 '목사 아들'이라는 꼬리표가 마치 십자가처럼 무거웠고 항상 죄인처럼 하나님 앞에, 그리고 교인들 앞에 고개 숙이는 것이 일상이요 숙명인 부모님의 목회 인생이 너무 굴욕적이고 패배자처럼 보였던 것 같습니다.

그러나 영국 런던에서 유학 시절, 정체 모를 배 아픔을 경험하며 귀국하여 수술을 받고 심각한 상황에서 죽어가며 하나님을 찾게 되고 하나님께 '살려만 주시면 주의 종이 되겠습니다'라고 서원한 뒤 극적으로 살아났습니다. 하지만 저는 또 요나처럼 하나님과의 약속, 사명을 뿌리치고 일본으로 도망하여 똑같은 고통의 수술을 두 번이나 받은 이후 비로소 하나님의 살아 계심을 확실하게 경험합니다. 그때 하나님께서 저를 부르시면서 허락하신 사명은

1) 교단주의 벽을 허물어라
2) 죽어가는 침체된 작은 교회들의 희망의 불씨가 되어라
3) 신앙생활 중 상처받은 영혼들을 치유하는 힐링 처치, 병원 같은 교회를 꿈꾸라

이 세 가지 사명을 붙들고 교단주의 벽을 허물기 위하여 저의 신앙생활 습관, 익숙함과는 가장 거리가 먼 순복음교단을 선택하였고 또 우연히 스치며 들었던 '울산은 순복음의 무덤이다'라는 말에 강한 도전으

로 심장이 뛰어 순복음교단이 가장 열악하고 힘들어했던, 복음이 들어온 후 한 번도 순복음교단의 교회가 세워진 적이 없는 장로교단의 텃밭에 개척을 하였습니다.

복음화율이 대한민국에서 가장 낮은 경상도 땅, 태고적부터 우상과 미신 그리고 불교문화에 찌들어 있는 울산의 읍소재지 '리' 단위의 농어촌마을에 홀로 개척을 하였습니다.

열악한 교단세 속에서 이단 소리를 들어가며, 새파랗게 젊은 총각 전도사가 하루하루를 마치 다윗이 골리앗에게 항전하듯 몸부림치며 도전하고 싸워 가면서도 결단코 잃어버리지 않은 하나의 꿈은 바로 이 교회와 저의 목회로 인하여 '하나님은 오늘도 시퍼렇게 살아 계신다!' 라는 것을 온 세상에 증명해 보이겠다는 일념이었습니다.

그래서 조금 편하고 쉬운 선택의 길이 주어져도 그것이 하나님의 살아 계심을 증명하는 데 장애가 된다면 과감하게 포기하고, 어렵고 힘들더라도 하나님의 살아 계심이 더욱 잘 증명될 수 있는 상황과 조건만을 선택하며 목회했습니다.

마치 엘리야가 제단에 불이 떨어져야 사는데도 불구하고 그 제단에 물을 끼얹어 장작더미를 흥건하게 물에 적신 것처럼, 그저 부흥함이 목적이 아니라 부흥을 통하여 하나님이 살아 계심을 드러내야 한다는 사명감으로 하나님만 의지했더니 마침내 하나님은 저와 온양순복음교회를 높이시고 부흥시켜 주시기 시작하셨습니다.

개척 4년 반 만에 처음으로 출석성도 100명이 넘었고, 개척 8년 만에 세 번의 교회당 건축, 증축을 통해서 지금은 500여 성도가 출석하는 교회로 부흥하였습니다.

마음이 없으면 핑계만 보이고
마음이 있으면 길이 보인다!

개척을 하고 수많은 실패와 어려움, 또는 성장의 환희를 반복하여 맛보면서 깨달은 교훈은 바로 '마음'이 무엇보다도 중요하다는 것입니다.

사무엘상 17장을 살펴보면 골리앗이라는 블레셋 장수가 무려 40일 동안을 주야로 나와 하나님의 군대와 하나님을 능멸하고 조롱했으나 사울의 군사 수만 명은 그 누구도 골리앗에게 도전하지 못했습니다.

골리앗의 거대한 위용과 명성에 쫄아서 전의를 상실한 것입니다.

골리앗의 위용과 면면을 살펴보면 그도 그럴 것이 키가 무려 여섯 규빗 한 뼘(약 3m가 넘는 거인)이요, 녹각반을 찼고 놋투구를 썼으며, 놋으로 만든 비늘갑옷을 입었는데 그 무게가 무려 놋 오천 세겔(약 57kg)이나 되었고, 양 어깨에 놋단창을 찼고, 창을 들었는데 그 창자루가 베틀 채 같았으며, 창날의 무게만 무려 철 육백세겔이나 되었다고 합니다.

전의가 상실된, 즉 싸울 마음이 없는 사울의 군대의 눈에는 그저 싸우기에는 버거운 그의 엄청난 키와 무기들만 눈에 들어온 것입니다.

하지만 다윗은 달랐습니다.

다윗은 비록 전쟁에 소집될 수도 없는 어린 나이였지만 우연히 들른 전장에서 하나님을 능욕하는 골리앗의 소리를 듣고 이내 그와 싸우고자 하는 마음, 그를 죽여 버리고 싶은 전의가 생겼습니다.

그는 수많은 비난과 부정의 소리와 불리한 상황과 조건들 속에서도 계속해서 길을 찾아내어 마침내 칼과 창이 아닌 자신만의 달란트 물맷돌을 가지고 나아가 골리앗을 쓰러뜨리고 온 천하에 하나님이 살아 계심을, 전쟁의 승패가 칼과 창에 달려 있지 않으며 승리는 여호와께 속한 것임을 알리는 살아 있는 간증자가 됩니다.

잠언 4장 23절의 말씀처럼 모든 지킬 만한 것들 중에 우리 마음을 지켜야 합니다. 왜냐하면 마음에서 생명의 근원이 나기 때문입니다. 죽고 사는 것이 마음에 달렸다는 말입니다.

교회의 죽고 사는 것도, 영혼이 죽고 사는 것도 마음에 달렸습니다.

세상의 통념과 가능성, 확률, 경험과 유행 따위가 여러분의 사역을 이끌어가게 놔두어서는 절대로 안 됩니다.

어떤 상황에도 할 수 있다는 절대 긍정의 마음속에서 하나님께서 허락하신 길이 보인다는 것입니다.

마음이 없던 사울의 군대에게는 골리앗의 위풍당당한 거구가 상대할 수 없는 위협적 요소로만 보였지만, 하나님의 마음을 담은 긍정의 다윗의 눈에는 그저 맞히기 너무나도 수월한 커다란 과녁으로만 보이는 것입니다.

이 시간 당신의 눈을 점검하십시오!

전도와 부흥을 생각할 때 먼저 당신의 마음에 여러 가지 불리한 상황과 걱정이 엄습하고 있다면 이미 당신은 전의를 상실한 것입니다. 마음을 잃은 것입니다.

이제 부정적이고 비판적인 마음을 버리고 긍정의 마음으로 길을 보는 승리의 간증자가 되길 축원합니다.

이 책이 나오기까지 함께 기도하며 응원해 준 내 가족보다 더 끈끈하고 소중한 울산온양순복음교회 성도님들과 일생을 바쳐 믿음의 유산을 상속해 주신 가장 존경하는 아버지 안봉규 목사님, 어머니 주한나 사모님과 내 사랑하는 아내 백지은 사모, 그리고 내 보물 안드레, 안성주, 안나 삼 남매에게 감사를 드립니다.

무엇보다도 이 책을 통해 하나님께 영광이 되며, 하나님께서 한국 교회를 향하신 비전이 이루어지고 침체되고 한계에 부딪혀 절망 해가는 교회와 사자목사님들에게 희망의 불씨가 되어 준다면 더할 나위 없이 기쁠 것입니다.

2013년 청명한 가을
울산온양순복음교회 목양실에서

목사 **안호성**

CONTENTS

머리말

전도에 목숨 건 교회 이야기

- 거긴 순복음교회의 무덤입니다 _ 21
- 춤추며 장의자에 앉으세요 _ 25
- 취객이 회개할 때까지! _ 29
- 주님! 평생의 배필을 주세요 _ 33
- 만 원의 행복 _ 38
- 차라리 4년 광야는 축복이었다 _ 42
- 아프냐? 나도 아프다 _ 46
- 제가 목숨을 걸겠습니다 _ 50
- 부동산 사장님도 놀란 교회 _ 55
- 헌신 순도 100퍼센트 _ 59
- 추억의 대머리 기도 _ 62
- 나의 경쟁자(?) 조지 뮬러 _ 66
- 마이너스 재정에서 플러스 재정으로 _ 69
- 설교에 목숨을 걸다 _ 75

난 참 요나처럼 살았군요

- 난 절대로 목사 안 할 거다 _ 83
- 난 쓰레기였다 _ 87
- 예배드리는 자의 용기 _ 90
- 첫 번째 수술 - 살려만 주시면 주의 종이 되겠나이다 _ 95
- 두 번째 수술 - 아직도 내 양을 칠 목자가 부족하다 _ 103
- 하나님이 주신 비전 세 가지 _ 111
  - 교단의 벽을 허물라
  - 한국 교회의 희망의 불씨가 돼라
  - 성도를 치유하는 교회가 돼라

전도! 이렇게 하라

- 교회도 전도할 때만 교회이다 _ 123
- 전도는 하나님 아버지의 피맺힌 소원! _ 129
- 큰 또라이 작은 또라이 _ 135
- 마음이 없으면 핑계만 보이고 마음이 있으면 길이 보인다 _ 139
- 여물통 엎기 전에! _ 146
- 아프니까 전도다 _ 149
- 무릎 꿇기 전도 _ 153
- 겸손은 힘들어 _ 157
- 심청이는 효녀가 아니다(?) _ 160
- 독서의 저력 _ 163
- 전도란? 하나님 편에 서기다 _ 166
- 다른 눈치 보지 말고 하나님 눈치만 봐라 _ 176

- 전도! 그게 최선입니까? _ 180
- 강점의 물맷돌을 집어 들고 던져라 _ 189
- 비난, 들으니까 성도다 _ 194
- 감사합니다! 감사합니다! _ 199
- 드디어 전도부흥사가 되다 _ 203
- 가장 나다운 것이 세계적인 것이여! _ 207
- 가 봐야 천국밖에 더 가겠어요? _ 210
- 순종이 제사보다 낫다 _ 215
- 목사도 좀 사랑합시다 _ 218

전도에 목숨 건 교회 이야기

거긴 순복음교회의 무덤입니다

"울산은 순복음교회의 무덤입니다."

"네? 천하무적이라 불리는 순복음교회가 실패한 적도 있나요?"

"게다가 그곳은 복음화율이 7퍼센트도 채 안 됩니다. 전국 최저 수준이죠."(결국 내가 개척한 곳은 울산 변두리의 복음화율 3퍼센트를 밑도는 더 힘든 시골이 되었지만…)

"세계적 영적 거장 조용기 목사님의 긍정적 영향력과 원색적인 성령운동으로 가는 곳마다 엄청난 부흥과 성장을 이루어 명실상부 대형 교단으로 부흥한 순복음이지만 울산에선 크게 성장한 교회가 없었지요."

강의 중에 스쳐 지나가듯 들은 말 중 하나였지만, 내게는 커다란 도전의 음성이었다. 그때는 서울을 오가며 개척 준비를 하고 있었다. 신학교를 다니면서, 성전을 건축하면서 세 가지를 동시에 하고 있던 나는 '울산은 순복음의 무덤'이라는 말에 귀가 번쩍 뜨였다. 복음화율 7퍼센트란 말도 나의 승부욕을 불태웠다. 젊은 나이에, 하나님이 함께하시면 무덤이 아니라 더한 곳이라도 들어갈 수 있겠다는 마음이 있던 터라 울산으로 개척지를 정했다.

교단 목사님들과 교수님들께 울산에서 개척하겠다고 하니 다들 뜯어 말렸다.
"울산에 개척을 하려고요."
"응? 울산? 거긴 순복음교회가 성공한 예가 없는 지역이야."
"그래서 가려고요."
"젊은 혈기에 한번 해 보겠다는 용기는 가상하지만, 현실적인 것도 생각해야지!"
"하나님이 함께하시면 반드시 부흥하리라는 확신이 있어요!"
"내가 잘 아는 목사님도 울산 근처에서 개척했는데 결국 실패했어. 그 지역 정서도 고려해야 해, 잘 생각해 보라고."
수도권 신도시도 아니고, 울산이라고 하면 열이면 열, 백이면 백 모두 부정적인 소리만 들었다.
'하, 참. 용기를 주는 사람 하나 없네. 다들 반대하는 곳이니 내가 장소를 잘 정한 게 틀림없다.'
거창 고등학교 직업 십계명이 싱크로되었다.

① 월급이 적은 쪽을 택하라.
② 내가 원하는 곳이 아니라 나를 필요로 하는 곳으로 가라.
③ 승진의 기회가 거의 없는 곳을 택하라.
④ 모든 조건이 갖추어진 곳을 피하고, 처음부터 시작해야 하는 황무지를 택하라.
⑤ 앞을 다투어 모여드는 곳은 절대 가지 마라.
⑥ 장래성이 전혀 없다고 생각되는 곳으로 가라.
⑦ 사회적 존경 같은 것을 바라볼 수 없는 곳으로 가라.
⑧ 한가운데가 아니라 가장자리로 가라.
⑨ 부모나 아내, 약혼자가 결사반대하는 곳이면 틀림없다.
⑩ 왕관이 아니라 단두대가 기다리는 곳으로 가라.

원래 개척 예정지는 세종시로 마음먹었었다. 실제로 현지답사를 하며 많은 곳을 돌아다녔고 최종적으로 조치원 근방에 개척 장소까지 결정했었다. 하지만 실제로 개척한 곳은 태어나서 처음 가 본 울산시 온양읍이란 곳이었다.

"순복음의 무덤에 생명의 꽃이 피어나게 하리라!"

울산 시내에서 개척하기 위해 여러 곳을 돌아다녔다. 하지만 울산 시내의 땅값은 상상을 초월했다. 그렇다고 임대해서 세를 내고 교회를 개척할 상황이 아니었다. 전원교회에 대한 꿈도 있어서 시내보다는 외곽에 값싼 땅을 사서 교회를 직접 지어야겠다는 마음이 들었다. 그리고 가장 매력적인 것은 그곳에 순복음교회가 한 번도 세워진 적이 없다는 사실이었다. 복음의 미답지에 선교의 첫 발을 내딛는 선교사님들처럼 나도 순복음교회로는 그 지역 첫 번째 교회가 된다는 사실에 흥분되었다.

"그래, 결정했어. 울산 외곽에 자리 잡고 있는 곳으로 하자!"

여기저기 장소를 구하다 보니 내가 가지고 있던 재산으로는 울산 시내에서 점점 더 멀어질 수밖에 없었다. 울산에서 바닷가 간절곶으로 가기 직전에 남창마을이라는 곳이 있는데, 나는 울주군 운화리에 있는 땅을 어렵게 구입할 수 있었다. 개척할 때 사용하려고 그동안 모아 놓았던 전 재산으로 땅을 구입하고 얼마 안 남은 돈으로 자그마한 예배당을 짓기 시작했다. 누구의 도움도 받지 않고 시작된 개척이었다. 교인 한 명도 없이, 재정적 후원 없이 생개척의 역사가 시작된 것이다. 정말로 맨땅에 헤딩, 그야말로 생개척을 젊은 나이에 결혼도 안 한 채 홀몸으로 겁도 없이 감행한 것이다.

춤추며 장의자에 앉으세요

신학교를 오가면서 손수 벽돌을 지고 등짐을 날랐다. 가진 건 하나님에 대한 전폭적인 신뢰와 몸뚱이 하나뿐이었다. 당연히 교인도 없었고 돕는 이도 하나 없이 건물을 짓기 시작했다. 서울에 공부하러 올라갔다가 주말엔 내려와서 건축 작업을 하고, 돈이 없으니 아르바이트를 해서 재료비 살 돈을 모으고 그렇게 오랫동안 공사를 했다. 한 달이면 끝날 일이 1년이 넘도록 계속되었다. 비가 오는 날이면 비에 젖는 골조를 보며 마음도 촉촉하게 젖었다.

'젊다는 게 뭐냐? 젊은 날엔 고생도 사서 한다는데, 하물며 하나님의 영광을 위해 내 몸을 바친들 그 무엇이 아까우랴!'

일본 유학 시절, 주님과 처음 열정적인 사랑에 빠져 하루하루가 행복했던 기억들도 새록새록 떠올랐다. 하나님의 성전을 짓는다는 기쁨에 잠시도 쉴 틈이 없었다. 정말 피와 눈물과 땀으로 건축한 건물이었다. 마음이 있으니 길이 보였고, 비록 시간은 걸렸지만 울산온양순복음교회 예배당이 드디어 완공되었다.

'하나님! 드디어 건물이 완공되었습니다. 성도를 채워 주세요!'

가만, 건물을 이렇게 저렇게 해서 완공은 했는데 막상 필요한 것들이 하나도 없었다. 강대상이 없었다. 마이크는 물론 앰프 시설도 없었다. 언감생심 에어컨, 온풍기도 없었다. 심지어 장의자도 하나 없었다. 의자는커녕 당장 내일 먹을 쌀도 없는 지경이었다. 옛날에 개척하신 목사님들 간증에 왜 사과 궤짝이 꼭 등장하는지 이해가 갔다. 정말 돗자리를 깔고 사과 궤짝이라도 갖다 놓고 예배를 드리기로 했을 때 극적으로 한 기도원에 버려진 강대상과 장의자 몇 개가 있다는 단비 같은 소식을 들어 한걸음에 달려가 얻어왔다. 또 개척했다 문 닫은 교회에서 내 놓은 장의자 몇 개를 주워 오고, 멀리 부산에 있는 군부대에서 부대교회를 새로 건축하며 낡고 오래된 의자들을 버린 것이 있다 하여 트럭을 빌려 실어 왔다. 그렇게 해서 교회에 갖다 놓은 6자, 7자, 11자 의자들이 삐뚤빼뚤 자리를 잡았다. 제대로 줄이 맞지 않았고 모양도 제각각이었다. 예배당에 들어오는 사람들은 모두 정글의 나뭇가지들을 헤치듯 요상한 춤을 추며 간신히 의자에 앉는 진풍경을 연출하고 말았다.

"전도사님, 중고 성구사 전시장 같아요"

"길이가 제각각이네?"

"전도사님, 의자 길이가 제각기 다른 건 무슨 심오한 뜻이 있는 건가요?"

"길이도 그렇고, 모양도 그렇고, 높이도 다 다르네요?"

나는 씨익 웃으며 답했다.

"예배 드리러 올 때 다윗처럼 즐겁게 춤추며 들어오라는 하나님의 배려이며 기가 막힌 섭리입니다!"

소리도 제대로 나지 않는 얻어 온 피아노와 금방이라도 무너져 내릴 것같이 위태위태한 강대상, 군인들의 짓궂은 낙서들을 지우고 새로 페인트칠하고 튀어나온 못들은 겨우 망치로 휘어 정리한 삐걱거리는 의자들, 방송시설은 꿈도 못 꾸고 야유회 때나 들고 다니는 이동식 앰프에 13,000원짜리 허접한 마이크…. 뭐 하나 제대로 갖춰진 것이 하나 없는 초라하기 짝이 없는 시작이었다. 하지만 그때는 이것저것 가릴 처지가 아니었다. 교회당도 애초 원했던 2층도 못 짓고 1층으로 마무리한 상태였다. '예배당을 바라보지 말고 오직 하나님만 바라보자'라는 콘셉트였다. 내 손으로 지어 내 피와 땀으로 흥건하게 젖은 울산온양순복음교회, 처음 하나님께 봉헌한 그곳을 생각하면 가슴이 뜨거워진다. 그렇게 신학교를 오가며 공사하랴 창립예배 준비하랴 분주히 2003년을 보냈다.

드디어 2004년 1월 1일에 창립예배를 드렸다. 아버지는 처음 교회를 둘러보시고 나더니 물끄러미 내 발 아래쪽으로 눈을 향하시는 것이 아닌가. 내 헌 구두를 보신 모양이다. 교회를 짓느라 나의 신발은 다 해어지고 떨어져 있었다. 밑창은 닳고 구두 옆은 구멍이 나서 물이 줄줄 샜다. 구두 한 켤레 살 돈도 내겐 사치였던 순간이다.

"신발이 많이 헐었네? 신발 사러 가자!"

"고맙습니다, 아버지."

아버지는 바로 나를 데리고 시내로 나가시더니 구두 한 켤레를 사주셨다. 새 신발이 내 발에 세팅됐다. 기분이 좋았다. 발걸음을 내딛을 때마다 새로운 힘이 용솟음쳤다. 그때 받은 구두 한 켤레가 유일한 도움이었다. 나는 어디를 찾아가 도움을 구하지 않았다. 후원 헌금을 요청하는 리스트를 만들어 순례하지도 않았다. 그저 전폭적인 하나님의 도움만을 기다렸다. 5만 번 기도 응답을 받았다는 조지 뮬러 형님을 내 기도 응답의 라이벌로 삼고 하나님의 도움의 손길, 까마귀를 기다렸다.

"내 이 신발이 닳아 없어질 때까지 전도하고 기도하며 이 교회를 채우리라!"

미국의 대각성운동을 일으켰던 조지 횟필드는 '녹슬어 없어지기보다는 닳아 없어지기를' 소원하며 쓰임받기를 기도했다고 하지 않는가? 하룻강아지 범 무서운 줄 모르던 시절이었다. 목회를 오래하신 선배 목사님들이 '아무것도 모를 때 개척을 하는 거지 이것저것 다 알고, 재고 나면 평생 개척 못 한다'라고 하신 말씀이 이제는 이해가 간다. 지금 또 하라면 할 수 있을까? 할 수는 있을 것 같다. 하지만 광야 4년을 생각하면 멈칫해지기도 한다.

취객이 회개할 때까지!

†

 '개척 후 문을 열었더니 낭떠러지더라'는 수많은 개척교회 목사님들의 간증이 내게도 실감되었다. 턱밑까지 고난이 차올랐다. 하지만 텅텅 빈 예배당을 보면서도 교회에서 열심히 기도했다. 이제 교회를 개척했으니 수많은 성도로 가득 차는 환상을 그리며 기도했다. 열심히 설교 준비도 했다. 목사로서 할 수 있는 최상의 헌신을 다했다.
 하지만 시간이 가도 개미 새끼 한 마리조차 보이지 않았다. 사람이 너무도 그리웠다. 중동 지역에 흩어져 사는 유목민 베두인들은 사람을 보면 인사만 한 시간 넘게 한다고 하지 않는가? 대접이 융숭함은 두말할 것도 없다. 얼마나 사람이 그리우면 그러하겠는가? 외딴 산골짜기 같은 시골에 덩그러니 교회당만 짓고는 사람을 기다리니 더욱 사람이

고팠다. 강대상에서 내려다보면 보이는 저 문, 저 문이 열려 사람이 들어오기만을 기다렸다. '열려라, 참깨!' 하고 주문을 외우듯 외쳐 보았지만 문은 쉽사리 열리지 않았다.

우리 교회는 울산 외곽에 있다. 시내에서 차로 부지런히 달려도 30~40분은 와야 한다. 주거지도 아닌 농촌 마을이라 사람들이 찾기 쉽지 않은 장소였다. 일찍이 생개척하신 선배 목사님들이 하신 말씀이 기억난다. 예배를 드리려는데 사람이 없으니까 궁여지책으로 쌀가마니에 달력을 붙이고 거기다가 사람 모양을 그려 놓고 설교를 했다는 썰. 정말 썰인 거 같다. 하지만 막상 내가 이러한 상황에 놓이자 달력에 사람 모양을 그려서라도 설교해야 할 판이었다.

예배 시간이 돌아오면 설교 준비는 많이 했는데 사람이 없었다. 예배학적으로는 예배 시간이 되었으니 설교를 해야 맞는 건데, 설교학적으로 고찰해 보면 설교 대상이 없는데 설교하는 건 아닌 것 같기도 하고 헷갈리는 순간을 맞이할 때가 많았다.

그러던 어느 날 새벽이었다. 드디어 교회당 문이 열리고 매우 조심스럽게 한 사람이 들어왔다. 남자였다. 남자고 여자고, 사람이면 됐다! 하지만 그 사람은 술에 취해 길을 잃고 교회에 우연히 들어온 사람이었다. 그러나 사람을 너무도 그리워하던 내게 그의 상태는 그리 중요하지 않았다. 젖을 먹이는 엄마가 젖을 못 먹이면 젖이 통통 불어 터지는 것처럼 내 심령도 마찬가지였다. 술에 취했건, 실수로 잘못 교회를 찾아왔건 그동안 준비했던 설교를 이참에 다 해야겠다 싶었다.

비몽사몽 술에 많이 취한 이 사람은 교회를 자기네 집으로 잘못 알고 들어온 사람이었다. 취기에 잠기운까지 더해 그냥 쓰러질 듯 교회에 조심스럽게 앉았다.

"교회에 잘 오셨습니다. 교회는 마음대로 들어올 수는 있어도 목사가 허락하기 전까지는 마음대로 나갈 수 없는 곳입니다. 알겠어요?"

"??? &%#%*$%@% ??"

그동안 준비했던 설교를 쏟아 내기 시작했다. 무슨 맘으로 그렇게 했는지 모르겠다. 설교해야겠다는 집념이 쌓여서 그날 완전히 다 쏟아 버린 듯싶다. 너무 신이 났다. 마치 사랑에 빠진 사람이 자기 연인 이야기에 행복에 취하듯 한 시간, 두 시간, 세 시간이 넘어가도록 예배는 끝나지 않았다. 술에 잔뜩 취했던 이 사람도 차츰 정신이 돌아오기 시작했다.

네 시간이 넘도록 통통 불었던 설교가 끝도 없이 계속되었다. 하지만 이 사람은 술이 깨고 정신이 완전히 돌아왔다. 가끔씩 고개를 끄덕거리기도, 한동안 나를 빤히 쳐다보기도 하던 그의 눈에서 눈물이 흐르기 시작했다. 그러고는 엉엉 울면서 간절히 말했다.

"목사님, 저 이제 제정신으로 아내한테 잘하면서 살겠습니다. 술 안 먹을게요. 그러니 제발 집에만 보내 주세요! 엉엉!"

나도 그때야 제정신이 돌아온 듯싶었다. 더 이상 할 설교도 없었다. 그 사람을 돌려보내고 나니 이미 날이 훤히 밝아 있었다. 빈 예배당에 한 사람, 그것도 만취해 들어왔던 그 한 사람도 어찌나 반가웠던지 그 날은 쉽게 못 잊을 듯싶다.

개척교회 목사의 심정을 그 누가 알까? 그렇게 교회 예배당의 문은 좀처럼 열리지 않았지만 가끔 문이 열릴 때가 있었다. 주일날 길을 잘못 들어 예배 시간을 놓쳐 헤매다가 우리 교회에 들어오는 분들이 있었다. 문을 열자마자 성도가 단 한 명도 없는 개척교회인 것을 보고는 소스라치게 놀라 문을 닫고 그냥 도망가는 경우도 있었다. 하지만 하나님께서 은혜를 부어 주시기 시작했다. 열정적인 설교와 예배는 한번 찾은 성도들의 마음을 붙잡았다. 하나님께서 한 가정 한 가정씩 사람들을 우리 교회로 보내 주시기 시작했다. 시골 골짜기에 있는 허름한 예배당에 사람들이 북적이기 시작했다.

우리 교회는 개척교회 당시도 그렇고 지금도 그렇다. 특별한 전도 프로그램이나 양육 프로그램이 있었던 것이 아니다. 오직 설교 준비에 목숨을 걸었고, 예배를 모든 사역의 최우선, 중심에 놓았다. 본질에 충실했더니 교회가 부흥을 하게 되었다. 교회가 성장하고 여기저기 언론에 알려지면서 사람들이 찾아와 무슨 비결이 있는 거 아니냐고 묻는다. 그렇다. 사실 비결이 있다.

"나와 울산온양순복음교회 성도들은 예배에 목숨을 겁니다."

그리고 또 하나의 비결.

"담임목사인 나는 하나님 말씀에 목숨 걸고 성도들은 담임목사님의 말씀에 목숨을 겁니다."

주님! 평생의 배필을 주세요

✝

　막상 개척을 하긴 했는데 사모가 필요했다. 순복음교단은 목사안수를 받으려면 결혼을 꼭 해야 한다고 했다. 목사가 되기 위해서는 결혼을 해야 했다. 결혼을 하기 위해선 여자를 먼저 만나야 했다. 하지만 아무나 만날 수는 없었다. 꼭 사모를 할 수 있는 여자를 찾아야 했다. 그러나 생각보다 사모를 하겠다는 자매를 찾기가 어려웠다. 게다가 생개척하여 미래가 무한한 가능성으로 활짝 열린(?) 목사에게 흔쾌히 시집오겠다는 현숙한 여인을 찾는 것은 쉽지 않았다. 그렇게 기도로 짝을 찾던 중 고신측 한 집사님 소개로 부산에 괜찮은 자매가 있다기에 무작정 달려가 첫 선을 보게 되었다. 만나 보니 고신측 장로교단에서 신앙양육 잘 받은 믿음 좋고 참한 피아노 반주자 자매였다. 2004

년 4월이었다. 그때가 내 생애 첫 소개팅이요 미팅으로 기억되는 날이다. 뼛속부터 로맨티스트인 나는 운명적인 영화 같은 만남을 꿈꾸며 대학시절 부터 미팅, 소개팅 같은 인위적인 만남을 거부한 채 그때까지 신념을 지키며 살아왔다. 하지만 목사안수를 받고 싶은 일념에 나는 어릴 적부터 품어 왔던 사랑의 신념을 쓰레기통에 던져 버리고 선이라는 촌스러운 자리에 나간 것이다. 사실 나는 첫 만남에 나가기 전에 기도했다.

'하나님, 시간낭비 말게 하옵소서. 주님 위해 일하려고 개척한 것 아시오니 열정낭비 말게 하옵시고 만약 이 여자가 내 배필이라면 그녀가 그냥 이유 없이, 그리고 저의 지금 상황에 상관없이 저한테 사랑에 빠져 좋아 죽게 하옵소서.'

짧지만 굵은 기도를 그렇게 하고는 자리로 나갔다. 시간도 없었고, 밀고 당길 여유도 없었다. 오직 나는 사모가 필요했다. 멀리 간 보람이 있었다. 나는 그날 현숙한 여인을 만났다. 차를 마시고 식사를 하며 나의 비전과 사역에 대해 죽 이야기했다. 첫 만남이니만큼 운명적인 짜릿한 느낌 비슷한 것을 기대했지만 그런 것은 없었다. 헤어질 때도 특별히 나눈 말이 없었다. 그저 "기도합시다."라는 말뿐이었다. 에로스적인 불타오르는 육체적 사랑도, 아가페적인 사랑의 약속도 없었다. 헤어지고 나서 일주일간 금식으로 기도했다. 일주일 금식이 끝나고 밤 9시가 조금 넘은 시간이었다. 갑자기 눈물이 쏟아지기 시작했다. 원인을 알 수가 없었다.

'왜 갑자기 자꾸 눈물이 나지? 뭐 슬픈 일이 있었나? 왜 이러지,

내가?'

그러고는 전혀 생각하지도 않은 찬양이 터지기 시작했다.

'하나님께서는 우리의 만남을 계획해 놓으셨네

우린 하나 되어 어디든 가리라

주 위해서라면 무엇이든 하리라 당신과 함께

우리는 하나 되어 함께 걷네 하늘 아버지 사랑 안에서

 우리는 기다리며 기도하네 우리의 삶의 사랑 넘치도록'

이것은 하나님께서 내게 짝지어 주신 배필이란 응답이 분명했다. 하지만 나만의 확신만으론 확정할 수가 없었다. 정말 하나님께서 짝지어 주신 배필이라면 그녀에게도 동일한 응답을 주셨을 것이란 생각이 들었다. 마음을 진정시키고 한 시간쯤 지나 그녀에게 전화를 했다. 참으로 신기한 일이 벌어졌다. 그녀도 갑자기 한 시간 전부터 이유 없이 눈물이 쏟아지면서 찬양이 터져 나왔다고 했다.

"갑자기 기도하는데 눈물이 막 쏟아졌어요. 전도사님도 그래요?"

"예, 그리고 '하나님께서는 우리의 만남을 계획해 놓으셨네' 찬양이 계속 나와요."

"저도 '사랑의 주님이 날 사랑하시네' 찬양이 막 나와요."

'사랑의 주님이 날 사랑하시네

내 모습 이대로 받으셨네

사랑의 주님이 날 사랑하듯이
나도 너를 사랑하며 섬기리'

'됐다.' 하나님께서 드디어 짝을 만나게 하셨다. 일사천리 결혼식을 준비했다. 장인·장모님께는 일생토록 변함없이 아끼고 사랑하겠다고 전했다. 첫 만남 이후 5주가 지났다. 드디어 2004년 6월 19일 토요일 오후, 내가 개척한 울산온양순복음교회에서 우리는 결혼했다. 모든 것이 생략됐다. 예복, 예단, 앨범 촬영, 심지어 신혼여행도 생략했다. 커플링 하나를 맞춰 꼈고, 사진관에 가서 옷 빌려 입고 웨딩 사진을 찍어 액자에 걸어 놓은 게 전부였다. 정말 사실이다. 신랑감으론 빵점짜리다. 요즘 세상에 이렇게 결혼하자고 하면 하겠다는 여자가 있을까? 하나님께서 짝지어 주신 짝이 아니라면 결코 불가능했을 것이다.

토요일날 결혼해서 바로 다음 날 주일을 준비하느라 정신이 없었다. 그 주일날 했던 설교 제목이 아직도 잊혀지지 않는다.

'우리는 그리스도의 편지입니다'

우리는 누군가의 편지가 되어 세상을 살아가고 있다. 누군가가 나의 모습을 바라보고, 기대하고, 응원하고, 축복할 수 있고 반대할 수도 있다. 우리는 그리스도의 아름다운 편지가 되어야 한다.

그렇게 주일 예배가 모두 끝나고 나서야 신혼여행을 떠날 수 있었다.

신혼여행이라고 해 봐야 근처 바닷가에 바람 쐬고 돌아온 게 전부다. 그날 5분거리의 신혼여행에서 돌아오는 길에 아내에게 약속했다.

"지금은 우리 이렇게 초라하게 시작하지만 우리가 없어서 못 하는게 아니라 하나님께 먼저 다 드리고 안 하는 거니 너무 서운해 말아요. 그리고 나중에 하나님께서 엄청난 축복을 주실 것이니 그때 같이 비행기도 실컷 타고 여행도 많이 다닙시다."

믿음이 없는 아내를 만났다면 평생 바가지 긁힐 일이지만, 희한하게도 아내도 사모 체질인 것 같다. 불평 없이 견디어 준 아내가 고마울 따름이다.

만 원의 행복

　결혼하고 사례비를 한 달에 30만 원씩 받았다. 이것저것 헌금을 하고 나면 생활비로는 턱도 없이 모자랐다. 하지만 오로지 주님만을 바라보고 믿음으로 살았다. 굶어 죽을 즈음에는 어김없이 까마귀가 날아와 일용할 양식을 주고는 사라졌다.

　겨울을 네 번 나는 동안, 삼 남매를 낳았지만 우리는 단 한 번도 보일러 버튼을 눌러 보지 못했다. 입김이 나는 실내에서 두꺼운 내복과 전기장판만 의지한 채 두 손을 호호 불며 혹독한 겨울을 보내야 했다. 추운 것은 그래도 참을 만한데 첫 아들 안드레를 낳고 기저귀 살 돈이 없어 천 기저귀를 쓰면서 찬 물에 똥기저귀를 빨 때면 정말 손이 끊어질 듯 아팠다. 젖이 돌지 않는 아내와 칭얼대는 첫 아들을 보며 많이 울었다. 마트의 분유 판매대 앞에 서서 가끔 뉴스에 나오는 분유값이 없어 도둑질한 젊은 아빠의 심정을 이해했다. 여름에는 에어컨은커녕 선풍기도 제대로 돌리지 못했다. 지금 생각하면 어떻게 그런 세월을 버텼는지 모르겠다. 현대를 살아가는 고인돌 시대의 주민 같았다. 고난은 파도를 타고 계속 몰려온다더니, 이 역경의 끝은 어디일까 싶을 정도로 힘든 나날이 계속되었다. 하지만 고난만 있으랴! 아내에게는 참으로 많이 미안하지만 그 와중에도 하나님께서 보내 주신 삼 남매와 함께 한 공간에 있는 것, 그들을 바라보는 것, 그것이 참 기쁨이요 큰 위안이 되었다. 첫째 안드레, 둘째 성주, 셋째 안나. 이들은 나의 소중한 하나님 사역의 동역자, 내 삶의 버팀목이 되어 주었다.

아내는 먹는 것을 좋아한다. 처음 만나 결혼을 약속 할 때도 개척교회 전도사인 나에게 진지하게, 아주 진지하게 몇 번이고 되물었던 질문이 있다.

"저는 대학 다닐 떠부터 친구들이 이해가 안 되었던 게 밥을 굶어가며 용돈을 모아 옷을 사고 빽을 사는 것이었어요. 저는 옷은 얻어 입어도 상관없는데 먹고 싶은 것을 못 먹거나 배고픈 것은 참을 수가 없어요. 저 배는 부르게 해 주실 수 있죠?"

나는 자신있게 대답했다.

"그럼요, 걱정하지 마요. 요즘 목회나 개척은 예전하곤 달라요. 염려하지 마세요."

하지만 실은 그 대답에 자신이 없었다. 지금 나도 밥을 굶고 있는 상황이었다. 하지만 그렇게 말하지 않으면 이 여자가 도망쳐 버릴지도 모른다는 두려움에 큰소리 뻥뻥 치며 정말 뻥(?)을 친 것이다. 그 약속은 결혼하고 몇 주도 지나지 않아 지켜지지 않았고, 몇 끼 굶자 그 천사 같고 '화'라는 것을 알지도 못할 것 같던 집사람의 눈이도끼눈이 되어 여자가 이렇게 무서울 수 있구나를 알게 되었다.

"배는 부르게 해준다더니 어떻게 이럴 수가 있어요, 흑, 흑…."

"미안해, 여보. 조금만 참자. 흑, 흑"

나는 이 말 외엔 아내에게 해 줄 수 있는 것이 없었다.

그런데 하나님께서 나의 약속을 대신 지켜 주셨다.

임신을 통해 그녀의 배가 4년 동안 꺼지지 않고 항상 부르게 해 주신 것이다. 사르밧 과부의 기적같이, 오병이어의 기적같이 그렇게 삼남매가 태어났다.

배부르지만 배고픈 만삭의 아내는 많이 힘들어 했다. 임신 중에 먹고 싶은 것도 얼마나 많았을까? 하지만 제대로 과일 한번 사 준 적이 없었다. 가을철이었다. 아내는 입덧이 심해 음식을 잘 못 먹었는데, 딱히 입맛에 맞는 먹을거리 하나 사다 주지 못했다. 그러던 어느 날, 집으로 돌아오는 길에 풋사과를 가득 채운 리어카를 보았다. 큰마음 먹고 3800원에 사과를 샀다. 그것도 수십 번 속으로 고민했다.

'살까 말까? 살까 말까? 관둘까? 아니야, 양이 많잖아. 기회가 또 오겠어?'

그야말로 풋사과, 덜 익어서 맛도 없는 사과였지만 아내는 감사하며 먹었다.

　동네 구멍가게에서 함께 운영하던 자그마한 피자집도 생각난다. 거기에는 만 원짜리 피자와 치킨 세트가 있었다. 이 가격에 피자와 치킨을 함께 먹을 수 있다니! 그건 가히 복음에 근접한 기쁜 소식이었다. 맛과 질은 떨어지지만 구색은 갖춘 그 만원 행복세트는 그 시절 우리의 가장 사치스러운 외식이었다.

　신대원 다니던 시절, 임신한 아내가 볼일이 있어 서울에 와서 함께 심야버스를 타고 울산으로 내려갔던 적이 있다. 버스가 금강 휴게소에 들렀을 때 아내는 무언가에 홀린 듯 우동 판매대 앞에 침을 흘리며 서있었다. 나는 주머니를 톨톨 털어 우동 한 그릇을 샀다. 그 한 그릇으로 우리는 서로 양보하며 정말 감격스럽게 우동을 흡입했다. 그때 금강 휴게소는 단무지를 셀프로 갖다 먹을 수 있었는데 우동의 모자람을 단무지로 때우며 단무지를 한 오십 개는 먹은 것 같다. 정말 그때 먹은 우동 맛은 잊을래야 잊을 수가 없다.

　얼마 전 청주 부모님 댁에 다녀오다 일부러 금강 휴게소를 들렀다. 그 때를 추억하며 우동을 두 개 시켜서 아내와 먹는데 맛 없어서 거의 다 남기고 왔다. 고난의 양념이 없으니 무얼 먹어도 맛이 없는가 보다.

　오늘 고생하고 부족함 속에 있다면 즐겁게 누리시라! 언젠간 그 고난의 양념이 그리워질 테니까 ….

차라리 4년 광야는 축복이었다

✝

얘기가 나온 김에 우리 가족의 일이 은혜가 될까 싶어 조금 더 해 보겠다. 하나님께서 첫째 아들을 주셔서 이름을 드레라고 지었다. 그러니까 안드레가 되었다. 익히 짐작하겠지만 원래 베드로 동생이 안드레 아닌가? 12사도 중 한 사람인 안드레를 따서 아들 이름을 지은 것이다. 지금 생각해도 딱 맞아떨어지는 이름이다.

그때도 여전히 한 달 생활비는 30만 원이었다. 그래서 아내가 첫아이 드레를 임신하여 만삭이 되어 갈 때 더욱 간절히 기도했다.

'하나님, 순산하게 해 주세요. 제왕절개를 하면 저희 집 형편에 도저히 안 됩니다.'

하지만 출산 중에 문제가 생겼다. 응급으로 제왕절개를 해야 한다고 의사가 뭐라 뭐라 설명하는데 눈앞이 캄캄해졌다. 수술하겠다는 각서에 사인을 하고 돌아와 앉는데 눈물이 핑 돌았다. 출산을 위해 순산할 경우를 대비해 아끼고 또 아껴 모아 놓았던 돈이 있었다. 순산할 경우 30만 원 정도면 충분하다고 했다. 분주하게 의사, 간호사들이 수술실로 들어갔다.

"아이를 먼저 빨리 꺼내자고, 산모보다는 아이가 더 문제야!"

아내와 아이가 위급할 수 있다는 의사의 말과 제왕절개를 할 수밖에 없다는 얘기에 온몸에 힘이 죽 빠졌다. 일단 아이와 아내를 먼저 살려야 했다.

다행히 수술은 잘 끝났다. 아내와 아기는 모두 건강했다. 돈 걱정은 까맣게 잊은 채 하나님께 감사 기도를 드리니 기쁨과 환희에 찬 감정이 함께 복받쳐 올라왔다. 드레의 웃는 모습은 꼭 나를 닮은 것 같았다. 콩알만 한 녀석이 빤히 바라보는데 비로소 아빠가 된 실감이 났다. 목도 못 가누는 아이를 조심스레 안으며 잠시 기쁨에 잠긴 순간, 갑자기 제정신이 들었다. 머릿속으로 병원비 걱정이 파도처럼 밀려들기 시작했다.

'이제 병원비는 어떡해야 되지?'

'모아 둔 돈은 30만 원이 전부인데, 수술을 했으니 비용은 상상을 초월할 거다. 당장 돈이 있냐?'

자연분만 했으면 이틀 만에 퇴원이니 그 정도면 충분했다. 하지만 수술을 하면 수술비에다가 일주일을 입원해야 하니 100만 원은 있어야 했다.

지금이야말로 하나님께 나의 믿음을 보여 드릴 때라고 큰소리 뻥뻥

쳤지만 현실은 막연했다. 무능한 가장의 설움을 누가 알까? 내 기도의 라이벌 조지 뮬러 형님처럼 기도할 수밖에 없었다.

'주님, 저는 개척교회 목사입니다. 개척하라고 하셔서 했습니다. 지금까지 하나님의 은혜로만 살았습니다. 순산을 하면 병원비 걱정 없이 퇴원할 수 있지만 지금 제왕절개 수술을 해서 병원비가 갑자기 예산을 초과했습니다. 주님께서 순산하게 하셨으면 해결될 문제였는데, 순산 못 하게 하셨사오니 책임지옵소서!'

주님을 더욱 의지해 기도했다. 지금까지도 믿음으로 살았는데 앞으로도 더욱 믿음으로 살겠다고 부르짖었다. 돈은 없었지만 원무과를 찾아가 상담이라도 하려고 했다. 사정을 이야기하고 할부로라도 갚을 생각도 했다. 그렇게 며칠 후 원무과에 갔는데 그곳에서 뜻밖의 대답을 들었다.

"벌써 어느 분이 다 정산하셨어요. 내일 바로 퇴원하세요."

"네? 누가 다 병원비를 계산했다고요?"

"네, 그분이 자신의 이름을 밝히지 말아 달라며 다 계산하고 가셨어요."

나중에 알게 된 사실이지만 울산 시내로 교회를 다니던 한 집사님 부부가 거리가 너무 멀어 저녁예배는 우리 교회에서 드렸는데 일 년간 말씀에 은혜를 받고 은혜 갚는 마음으로 병원비를 대신 내주었단다. '할렐루야!' 그 자리에 속으로 소리를 질렀다. 너무나도 고맙고 감사한 분이었다. 그분은 하나님이 보내 주신 까마귀였다. 지금도 그때를 생각하면 은혜를 잊을 수 없다. 그 자리에 앉아서 체면이고 뭐고 눈물을 펑펑 쏟았다.

'앞으로 주님을 의심하지 말고 살자. 더욱 감사하면서 살자! 믿음을 더욱 굳게 붙잡자!'

그 뒤로 나는 지금도 가끔 그 병원 원무과에 가서 입원비를 못 내서 어렵고 힘든 가정이 있는지를 묻는다. 있다고 하면 몰래 묻지 마 정산을 해 준다. 그리고 그 집사님 (지금은 장로님이 되셨다) 자녀들을 위해 하루도 빠짐없이 축복하며 기도한다. 그때 너무도 고맙고 감사했던 기억 때문이다. 은혜는 물에 새겨선 안 되기 때문이다. 은혜는 돌에 새겨야 한다.

그렇게 드레는 무사히 우리 가정으로 올 수 있었다. 지금도 돌이켜 생각해 보면 그때의 4년은 혹독한 광야 기간이었다. 무엇을 먹을까? 무엇을 입을까? 모든 것을 오로지 주님만을 의지하며 지냈던 시기였다. 참으로 힘들었지만 이때에도 고집스럽게도 첫 번째 사례비는 모두 하나님께 드렸다. 이 예물은 선교비로 모두 지출했다. 아내에게 고마운 것은 이렇게 하는 남편의 믿음을 끝까지 참고 다 기다려 주었다는 것이다. 현숙한 아내를 얻은 나의 복이 아닐 수 없다.

물질에 있어서 철두철미하게 하니 하나님께서 4년이 지나자 많은 성도들을 보내 주셨다. 예배당에는 사람들로 북적대기 시작했고 예배자들로 가득 넘치기 시작했다. 재정도 우리가 상상한 것 이상으로 넘쳤다. 마침내 하나님께서 4년간의 광야 생활을 믿음으로 승리하자 물질적으로도 영적으로도 풍성한 교회로 만드셨다.

아프냐? 나도 아프다

예전에 참 우스운 얘기가 있었다. 일본에서 제일 무서운 사람이 누구인지 아시는가? '도끼로 이마까'다. 동생은 '안 깐 이마만 골라까'란다. '도끼로 이마까'보다 더 무서운 사람이 있는데, 바로 '깐 이마만 골라까'다.

목회를 하다 보면 제일 무서운 성도가 있다. 목사의 피멍이 든 가슴에 다시 또 피멍을 들게 하는 성도이다. 사실 목사가 가장 가슴이 아플 때가 언제인 줄 아는가? 성도들이 상처를 받고 교회를 떠나갈 때이다. 이사나 직장, 기타 문제 등 피치 못할 사정으로 교회를 떠나가는 성도들도 있다. 하지만 그렇지 않은 경우 교회를 떠나가면서 목회자의 피멍이 든 상처 위에 다시 또 상처를 낼 때면 가슴이 너무도 아프다. 이미 피멍이 들 대로 다 들어서 가슴엔 온통 멍 자국인데, 아무 곳을 때려도 피멍 들어 아픈데 그곳을 또 때리고 가는 것이다.

처음에는 견디기 힘들었다. 목회를 하다가 죽는 거 아닌가 싶었다. 하지만 하나님께서는 한결같이 말씀하신다.

'원망하지 말고, 미워하지 말고, 축복해 주고 보내라!'

무슨 퓨전사극 「다모」에 나오는 대사 같다. "아프냐? 나도 아프다." 주님은 이렇게 나를 설득하신다.

새벽 설교가 끝나견 가장 많이 하는 기도 제목이 성도와 관계된 것들이다. 떠나간 성도들이 돌아오기를 기도할 때도 있고, 멀리 떠나간 성도들을 생각하면서 축복하며 기도하기도 한다. 그 성도를 위해, 그 자녀들을 떠올리면서 기도한다. 우리 교회에는 기존에 교회를 다니다가, 소위 교회 성장학에서 말하는 수평 이동을 해 오는 성도들이 많이 있다. 희한한 건 이렇게 온 사람들이 또 잘 떠난다는 것이다. 병원 같은 교회를 꿈꾸라 하시더니 내 목회가 꼭 그랬다. 잘 치료해서 또 퇴원시키듯 보낸다. 실망하고 허탈해하는 성도들에게는 항상 이렇게 위로했다.

"꼭 환자가 넘쳐야 좋은 병원이 아니죠. 오히려 환자가 잘 치료되어서 병원에서 잘 퇴원해야 좋은 병원이죠. 잘 치료받고 퇴원했다 생각하세요."

너무 감사한 것은 우리 교회에서 신앙양육 잘 받은 성도들이 다시 자신의 자리를 찾아가서 모두 칭찬받으며 이전보다 더욱 신앙생활을 잘한다는 것이다. 그것으로 위안을 삼는다.

그렇지만 영적으로 병들어 은혜를 사모하며 찾아온 모든 이들을 받아 주는 것은 아니다. 철저한 원칙이 있다. 이전 교회 목회자를 대적하거나 교회를 비방하는 자들은 철저히 회개시키고 돌려보낸다. 또한 교회를 옮겨 다니는 것이 습관이 된 교회 쇼핑객들은 절대 받지 않고 따끔한 충고를 해 준다.

부득이한 경우를 제외하고는 대부분 어중이떠중이 신자들은 마음에 정함이 없는 사람들이 많다. 정말 자신의 목자를 못 만나서 그럴 수도 있고, 본인 스스로 신앙의 뿌리내림이 없어 그럴 수도 있다. 개척 초기 권사라 자신을 소개하는 한 분에게 전화가 왔었다.

"울산온양순복음교회가 소문이 났더라고요. 그래서 이번 주에 한번 나가 보려고요."

"아 네, 그러세요. 그런데 교회를 왜 옮기려고 하세요?"

계속 대화를 나누면서 알게 된 바로, 그는 특별한 이유 없이 교회를 자꾸 옮겨 다니고 있었다. 전에 다니던 교회는 사랑이 없었고, 그전에 다니던 교회는 목사님의 설교가 너무 마음에 들지 않았다고 했다. 가만 듣고 보니 자신을 고객처럼 대우해 달라고 떼를 쓰고 있었다. 남편 직장을 묻지도 않았는데 직장 이야기를 하고 직위를 묻지도 않았는데 이야기해 주며 자신의 대단함을 과시하고 있었다. 더 이상 시간 낭비를 할 수가 없었다. 마치 우리 교회를 다녀 주겠다는 식의 말투에 화가 난 나는 권사님의 이어지는 지루한 자기 자랑을 끊고 말했다.

"권사님이시라고 했죠? 잘 들으세요, 꺼질지어다!"

"네? 꺼…꺼지라니요?"

"잘 들으세요. 출석하시는 교회에 충성을 다하세요. 교회는 나 같은 죄인이 감히 하나님의 은혜로 나아가서 예배를 드리는 곳이지, 내가 나가 주는 곳이 아닙니다. 철저하게 회개하고 출석하시는 교회에 가서 담임목사님 잘 섬기고 신앙생활 잘하세요."

다시 생각하면 초면인데 너무 심하게 이야기한 것 같다. 하지만 교회 출석하는 것을 무슨 협상이나 하듯, 선심이나 쓰듯 하는 태도, 자신을 대우해 달라며 고객 노릇하는 태도를 더 이상 참을 수가 없었다. 교회는 성도 주식회사가 아니다. 예수님은 사장이 아니다. 하나님은 우리의 예배 대상이 되는 유일하신 분이다. 교회는 고객 편의 서비스를 제공하는 곳이 아니다. 고객은 왕일지 모른다. 고객이 하는 일은 모두 옳을지 모르겠지만 성도는 고객이 아니다. 나는 고객 노릇하려는 성도는 교회로 오지 말고 슈퍼마켓으로 가라고 말한다. 그 이후로 우리 교회는 아무나 안 받아주는 교회로 소문이 나기도 했다.

우리 교회에는 누구든지 와도 좋다. 하지만 와서는 제발 예배를 드려라. 우리 교회는 누구든지 가도 좋다. 하지만 가서도 제발 예배를 드려라. 이것이 내 가슴에 피멍이 들어 가면서도 기도하며 중보하는 내용이다. 깐 이마 또 까도 좋다. 제발 어디서든 진짜 예배 드려 다오! 더 이상 '쇼하지 말고.'

제가 목숨을 걸겠습니다

✝

　신앙생활을 하다 보면 목사를 기죽이는 성도들이 있다. 목사의 헌신을 훨씬 뛰어넘는 모습을 보이는 성도들이 항상 있기 때문이다. 옥한흠 목사님이 쓰신 자서전 「제자훈련 열정 30년」이란 책에 보면 '목사를 기죽이는 사람들' 이야기가 나온다.

　'그들은 비단 순장 사역뿐 아니라, 이제는 각자의 은사에 따라 다양한 영역에서 뛰고 있다. 어쩌면 목회자보다 더 헌신적으로 주님을 섬기고 있는 그들을 볼 때마다 나도 모르게 정신이 번쩍 든다.
　나는 사례비를 받아 가면서 일하는 사람이고, 그들은 헌금을 내면서 일하는 사람들이다. 이러다가 주님 앞에 서면 내가 설 자리가 어디일까 하고 생각하면 두려운 마음마저 든다. …나는 2천 명이 넘는 우리 교회 평신도 사역자들을 '작은 목사'라고 부를 때가 자주 있다. … 얼마나 멋진 말인가. 한 사람의 목사가 뛰는 교회가 아니라 2천 명이 넘는 목사들이 함께 뛰고 있는 사역 현장이다.'1)

우리 교회에도 나를 기죽이는 성도들이 있다. 개척하고 1년이 지난 따뜻한 봄이 막 기지개를 펴려 준비하는 때에 이상하게 울산에서는 좀처럼 볼 수 없는 많은 눈이 내렸던 주일이었다. 김동훈 집사님이 교회를 찾아 헤매다가 우리 교회에서 우연히 예배를 드리게 되었다. 무슨 조폭처럼 강인한 인상이 몇 안 되는 성도들 사이에서 안 튈래야 안 튈 수 없었다. 그런데 말씀이 시작되고 시간이 지나면서 그 험한 인상과는 결단코 어울리지 않게 눈물을 주룩주룩 흘리며 흐느껴 울고 있는 것이 아닌가?

"이게 바로 제가 목말라 했던 예배입니다!"

"다음 주에는 우리 가족을 다 데리고 와서 예배 드리겠습니다."

다음 주가 되자 김 집사님은 정말로 온 가족을 이끌고 교회에 왔다. 예배가 끝나자마자 바로 등록도 했다. 기도와 교회 일이라면 물불을 안 가리고 헌신하는 전형적인 경상도 사나이 스타일이다.(사실 고향은 강원도 촌사람이지만…). 지금은 교회에서 기둥과 같은 장로가 되어있다. 하루는 기도 중에 하나님께서 김 집사님께(현재는 장로님) 이렇게 말씀하셨다고 한다.

---

1) 옥한흠, 「제자훈련 열정 30년」(서울: 국제제자훈련원, 1998), 81~82.

"새 부대가 필요하다."

사실 그때는 교회 건축이 필요한 시점이었다. 예배당은 좁았다. 여기저기서 아우성이었다.

"목사님, 늦게 오면 앉을 자리가 없어요!"

"이제 새로운 예배당을 건축해야겠어요!"

"큰일 났어요, 교회 왔다가 그냥 돌아가신 분들도 있어요."

이쯤 되니 식은땀이 쭉 나기 시작했다. 개척했을 때에는 저 길고 짧은 의자를 어찌 다 채울꼬 했었는데, 이제는 왔다가 예배도 못 드리고 가는 신자가 생기기 시작했다. 교회는 날로 날로 부흥하는데, 더 큰 걱정거리가 생겼다. 이런 딜레마의 상황에 처한 목회자의 심정을 누가 알까? 건축은 해야겠는데 초신자들이 많은 이 교회에서, 특별히 사업을 크게 하시는 분도 없는 서민 성도들이 대다수인 교회에서 증축 이야기를 꺼낼 수 없었다. 거기다가 은행에서는 모두 대출을 거부했다. 거부 사유는 너무 빠른 시간에 성장했다는 이유였다. 안정적이지 못하다는 것이다.

그런데 바로 그때, 새로운 예배당, 더 넓은 예배처소가 필요할 때 주님께서 김 집사님께 말씀하신 것이다. 사실 그전에 내게도 기도 중에 동일한 음성이 있었다.

"새 부대가 필요하다."

하나님께서는 내게도 동일한 말씀을 주셨다. 하지만 나는 빚을 호랑이처럼 무서워하고 개척 시 건축과 2층 증축으로 인해 너무 지쳐 있었던 나머지 일부러 그 말씀을 거부하고 있었던 것이었다. 그리고 나는 입버릇처럼 앞으로 5년 내에는 건축을 하지 않겠다고 선포하고 다녔었기 때문에 하나님의 또 한 번의 건축의 명령은 나에겐 순종하기 너무나 어려운 것이었다. 그렇게 주님의 말씀을 거부하며 버티기를 한 2주쯤 이어가던 어느 날, 김 집사님은 내게 와서 말했다.

"목사님, 정말 기도 중에 신기한 경험을 했어요."

"무슨 신기한 일이 있었는데요?"

"열심히 기도하고 있는데 하나님께서 '새 부대가 필요하다' 말씀하시는 거예요. 그렇게 세 번 말씀하시는데 무슨 뜻인지 저도 궁금해요."

"저…정말요, 집사님?"

너무 놀랐다. 이제는 더 이상 주님의 명령을 거부할 수 없었다. 그래서 나는 사실대로 실은 나도 기도 중에 동일한 말씀을 받았다고 이야기했다. 하나님께서 넓은 예배처를 원하시고 계시다는 뜻이라고 말씀드렸다. 나는 신비주의 은사파 목사도 아니지만 너무도 확실한 하나님의 계획임을 알 수 있었다. 그러자 김 집사님이 바로 나에게 말했다.

"목사님, 명령만 내려 주십시오! 제가 목숨을 걸겠습니다."

"집사님, 갑자기 무슨 목숨을?"

김 집사님은 아파트를 팔아 하나님께 온전히 드렸다. 사업하는 돈 많은 장로님이 드린 것이 아니다. 집이 여러 채라 한 채 팔아 드린 것도 아니었다. 평범하게 회사에 다니는 그분의 전 재산을 교회 건축에 드린 것이었다.

또 하나의 잊을 수 없는 헌신 이야기가 있다.

우리 교회 주전도사 이야기다. 그녀는 결혼 후 첫 딸을 얻고 얼마 지나지 않아 남편이 백혈병으로 돌아가셔서 홀로 그 딸을 키우며 어렵게 살아가는 가정이었다. 물질적 어려움보다 그녀의 우울증적 기질과 뼛속까지 스며있는 패배의식이 더 문제였다. 밖에도 잘 나오지 않은 채 집 안에서만 대부분의 시간을 보내며 스스로를 더욱 외롭게 학대하고 있었다. 그것이 딸 은정이에게도 부정적 영향이 되어 말도 잘 안 하고 사람을 똑바로 쳐다보지 않는 소극적인 아이로 만들어 가고 있었다. 그런데 그녀가 은혜를 받고 스스로 세상으로 나와 직업을 가지고 열심히 살아가고 있을 때 세 번째 교회 건축이 시작되었고 그녀는 돌아가신 남편의 생명값이요 핏값이나 다름없는 사망보험금으로 산 아파트를 팔아 건축헌금으로 바친 것이다.

이 돈은 한 알의 밀알이 되어 교회 건축하는 데 귀하게 쓰여졌다. 참으로 신기한 것은 한 사람의 넘치는 헌신이 수많은 잠재된 성도들의 마음을 움직였다. 교회가 한 걸음 더 부흥하는 데 발판을 마련한 것이다.

부동산 사장님도 놀란 교회

†

　근처 온산읍에서 신앙생활을 하던 김판호 집사님이란 분이 있었다. 직장은 온산공단이지만 풍요로운 도시에서의 삶을 꿈꾸며 그 유명한 부촌 부산 해운대 신시가지로 이사를 결정했다. 곧 그곳으로 이사를 가기 전 마지막 주일을 우연히 우리 교회에 들러 예배를 드리게 되었다. 그런데 놀라운 일이 벌어졌다. 예배 중 설교를 듣고는 문화 충격을 받았던 것이다.

　'어? 강한 끌림이 있다. 이런 설교는 처음 듣는다. 혹시 모르니 한 번 더 설교를 들어 보자.'

　이렇게 온 가족이 주일 예배를 드리고 나서 새벽예배를 연속해서 세 번 드리고 그 주 수요일 드디어 부산으로 이사를 갔다.

그런데 이사를 간 이후에도 어디서도 충족되지 않는 영적 갈증에 그 먼 길을 달려 새벽기도를 매일 오는 것이었다.

그렇게 한 달을 교회에 출석하던 김 집사님이 날 찾아왔다.

"목사님, 저희 가정이 이사를 삼 일 앞두고 우연히 이 교회에 참석하고 큰 은혜를 받았습니다. 이제는 이 교회 예배와 말씀이 아니면 영적 갈증이 풀리지 않습니다. 그런데 아시는 것처럼 거리가 너무 멀어 새벽제단 쌓기가 너무 힘이 듭니다."

나는 속으로 혼자 생각했다.

'드디어 올 게 왔구나, 더 이상은 힘들어서 못 나온다는 얘기구나'

그런데 그 입에서 나온 얘기는 뜻밖이었다.

"그래서 다시 이곳으로 이사를 오겠습니다. 이것은 하나님의 분명하신 뜻인 게 틀림 없습니다."

"할렐루야!"

믿기지 않는 그의 말에 눈물이 흘렀다.

얼마 지나지 않아 김 집사님 내외가 정말 우리 교회에 등록하게 되었다. 예배 때문에 김 집사님은 그 힘들게 이사 간 해운대 신도시 고급 아파트에서 한 달 반 만에 다시 이 시골의 허름한 아파트로 이사를 왔다. 우아하고 편리한 부산 해운대 아파트를 포기하고, 교회에서 가까운 곳에 집을 얻어 교회 등록을 했던 것이다. 이사 비용, 인테리어 비용 등 물질적으로 수천만 원이라는 큰 손해까지 감수하면서 말이다. 그 사건은 우리 교인들에겐 자긍심이 들게 했고, 교회에 대한 긍정적 소문이 삽시간에 퍼지기 시작했다. 부동산을 하시는 사장님도 이렇게 말씀하셨다.

"목사님, 부산으로 이사 가서 인테리어까지 한 사람이 교회 때문에 어떻게 다시 이 시골로 한 달 반 만에 돌아옵니까? 부동산 경력 30년에 이런 경우는 처음입니다. 그리고 이런 시골에 왜 자꾸 사람들이 이사를 오려고 드나요? 지어진 집도 없는데, 사람들이 자꾸 집을 찾으니 구해 줄 수가 없네요."

이름만 대면 다 아는 모 유명한 교회에는 예배를 드리기 위해 일본에서 매주 서울로 온다는 성도가 있다는 말을 들은 적이 있다. 또, 서울에 있는 모 교회에서는 멀리 오는 사람이라 하면 대전, 군산에서 오는 게 기본이란 말도 들었다. 정말 예배가 살아 있는 교회에는 물리적 거리가 큰 문제가 되지 않는가 보다.

울산 시골 동네에서 개척할 때도 말씀에 대한 확신이 늘 넘쳤다.

'하나님께 예배하는 곳에는 반드시 사람이 올 것이다. 그곳이 산골짜기, 사막 한가운데라 할지라도 사람들이 예배하러 찾아올 것이다!'

아버지께 참으로 예배하는 자들은 신령과 진정으로 예배할 때가 오나니 곧 이때라 아버지께서는 이렇게 자기에게 예배하는 자들을 찾으시니라

하나님은 영이시니 예배하는 자가 신령과 진정으로 예배할지니라

(요 4:23~24)

예배에 너무나 큰 은혜를 받으면 정말로 거짓말이 아니란 생각도

든다. 물리적 거리가 예배를 방해하는 게 아니다. 예배를 사모하는 마음이 있느냐 없느냐가 예배 참석을 결정하기 때문이다. 이래저래 울산온양순복음교회에 대한 소문이 파다하게 지역을 뒤덮고 있다. 복음화율 3퍼센트도 안 되는 울산의 변두리 농어촌 지역이 하나님 은혜의 복음으로 흔들리기 시작했다. 예배가 살아나고 설교가 살아나고 은혜가 살아나고 말씀이 살아나면서 일어난 기적이다. 나는 지금도 확신한다. 하나님의 말씀은 살아 역사하신다고!

헌신 순도 100퍼센트

울산온양순복음교회는 전무후무한 초월적인 조직을 갖추고 있다. 재적 1000명이 넘는(출석교인은 400-500명) 교회에 목사는 나와 은퇴하신 나의 아버지 목사님뿐이다. 물론 협력목사로 있다. 부목사나 교육목사도 없다. 전도사만 셋 있다.(집사람과 수행전도사까지 포함) 목회자는 총 다섯이다. 시골이라 더 구하기도 힘들다. 처음에는 그렇게 오라고 해도 안 왔다. 울산 시내도 아니고 이런 시골에 누가 오겠는가? 이가 없으면 잇몸이라고 평신도 사역자를 세웠다. 순복음 정신의 발로다. '구역장 하나가 웬만한 목회자 하나보다 낫다'는 정신으로 일꾼들을 세웠다.

교회가 성장하기 시작하면서 예배자로 넘치기 시작했다. 평신도 사역자들을 세워 요소요소에 세웠다. 선교 기관이나 연구 기관처럼 간사 제도를 적극 활용했다. 우리 교회에는 수행간사와 행정간사, 찬양간사가 있다. 수행간사는 나의 개인 비서 역할이다. 나의 업무를 도우며 함께한다. 장거리 집회를 갈 때는 운전을 해 주기도 하고, 스케줄을 이야기해 준다. 행정간사는 교회의 각종 사무 행정을 처리한다. 주보 발간부터 교회에서 제작되는 각종 문서, 행정 서류들을 발행한다. 큰 교회에 있는 사무장 같은 것이다. 나머지는 팀장들이 전체 교인을 맡아 관리한다. 45명이 조직을 갖춰 유지해 나간다. 순장, 혹은 구역장 비슷한 역할이다. 이들은 모두 전부 무급 사역자들이다. 매우 심플하고도 헌신적인 조직의 결정체가 아닐 수 없다. 무급 사역자가 되다 보니 헌신 순도가 100퍼센트다. 억지로 하는 사람은 하나도 없다. 돈을 받고 하는 일이 아니라고 대충하는 일도 없다.

외국 교회는 유급 사역자에게 나가는 예산이 50~70퍼센트까지에 달한다고 하는데, 우리 교회는 모두 무급으로 사역을 하다 보니 남는 예산 전부는 선교와 전도하는 데 사용한다. 직장에 가는 시간, 가정에서 일하는 시간을 제외하고는 교회 사역에 헌신하고 있는 것이다. 불평하는 사람도 없다. 자원하는 기쁨이 없다면 아마도 단 한 사람도 헌신하지 않을 것이다. 사역의 원칙 중 하나가 '자원함'이다. 헌금도 그렇고 사역도 그렇다. '억지로' 하는 사역, '체면치레'로 하는 사역은 발 벗고 나서서 말린다.

요즘 교회 청소도, 점심 식사 준비도 용역을 사서 시키는 시대라는데 우리 교회는 일절 그런 거 없다. 자기가 헌금하니까 권리를 주장하려는 본전 생각을 하는 성도가 없다. 마음에 우러나와 봉사하고, 마음에 우러나와 헌신할 뿐이다. 예배가 바로 서니 잔머리 굴리는 사람이 없다. 예배 시간에 은혜를 받으니 불평하는 사람도 없고 오직 헌신자들만이 넘쳐날 뿐이다.

추억의 대머리 기도

하루는 서재를 정리하다가 기도 제목을 적었던 수첩이 툭하고 바닥에 떨어졌다. 개척 초기에 기록한 나의 기도 제목들이었다. 지금도 기도 제목을 기록하는 수첩이 있다. 꼼꼼하게 적고 꼼꼼하게 기도한다.

'그래, 그때 내가 기도를 참 열심히 했지. 뭐라고 했는지 다시 한 번 볼까?'

가만히 읽다가 순간 박장대소를 했다. 내가 적은 기도 제목인데 내가 크게 웃었다. 어린 나이에 개척을 한 탓에 나이가 나를 힘들게 했다. 젊은 목사가 목회를 하다 보니 장로나 권사님쯤 되시는 분들은 최소한 삼촌뻘 아니면 어머니, 아버지뻘에 준하시는 분들이 많았다. 연세도 많은 분들이 태반이다 보니 이분들은 나를 목회자로 (당시에는 담임

전도사) 대하기보다는 아들이나 손주 대하듯 하는 경우가 많았다. 물론 모든 분들이 그랬던 것은 아니다. 나이는 어리지만 목회자의 권위를 인정하고 깍듯이 하는 분들도 많았다.

디모데전서 4장 11~13절에 보면 사도바울이 어린 디모데에게 권면하는 내용이 나온다.

네가 이것들을 명하고 가르치라
누구든지 네 연소함을 업신여기지 못하게 하고 오직 말과 행실과 사랑과 믿음과 정절에 대하여 믿는 자에게 본이 되어
내가 이를 때까지 읽는 것과 권하는 것과 가르치는 것에 착념하라

'주님, 저도 말씀은 잘 알고 있어요. 하지만 사람들이 저의 연소함 때문에 업신여겨서 속 터져요. 말과 행실과 사랑과 믿음과 정절에 대해 믿는 자의 본이 되게 하지만 일단 얼굴만 보면 맞먹으려고 들어요!'
이렇게 혼자 투정 어린 기도를 드리곤 했다. 바울은 어린 사역자 디모데에게 권면했지만, 나의 경우는 생각보다 현장에서 쉽게 해결할 수 있는 문제가 아니었다. 외모 자체도 동안인 데다가 가만있어도 웃는 얼굴이라 사람들이 쉽고 친근하게 다가오는 것은 좋은데 목사의 선을 손쉽게 넘는 경우가 많았다. 이 심정은 당해 보지 않은 사람은 모를 것이다. 스트레스가 점점 쌓이다 못해, 나중엔 나이 때문에 10년은 먼저 늙을 판이었다. 하지만 늙기는커녕 나의 외모는 30대 초반의 초롱초롱함을 그대로 유지했다. 그래서 하나님께 이런 기도까지 드릴

지경에 이르렀다.

"하나님, 제발 흰머리 좀 나게 해 주세요! 네?"

흰머리가 나면 나이 들어 보이지 않을까 하는 단순한 생각이었다. 30대 초반의 목사가 흰머리 나게 해 달라니 기도가 응답될 리 만무했다. 우리 집안 내력으로 따져도 빨리 흰머리가 날 리 없었다. 하지만 나는 다급했다. 누가 나의 이 애타고도 절박한 심정을 알 수 있으랴! 그래서 기도 제목을 급히 변경했다.

"하나님, 그게 안 되면 머리라도, 대…대… 에잇, 모르겠다. 대머리라도!"

나의 기도는 짧고 굵었으며 단순했다. 젊은 나이에 대머리가 되기를 기도한 사람은 아마도 내가 유일할 것이다. 허 참, 그런데 이게 어찌된 일인지 기도 응답하심이 빠른 제목이었나 보다. 머리가 조금씩 뒤로 밀리기 시작했다. 순간 당황했다. 기도는 했지만 정말 이대로 응답이 되면 어쩌나 싶었다. 그래도 하나님께서는 완전히 밀지 않으시고 어중간하면서 애매한 중간 선까지만 밀고 나가셨다. 그 머리가 지금의 머리가 되었다.

대머리라고 하기엔 뭔가 2퍼센트 부족하고 그렇다고 이마가 넓다고 하기엔 너무 넓은 정체성이 불분명한 애매모호함을 유지하며 나는 행복하게 살아간다.

말씀의 권위를 위해 철부지처럼 기도했던 나를 예쁘게 보셨는지 하나님은 말씀의 권위를 세워 주셔서 더 이상 흰머리가 아니어도 대머리가 아니어도 성도들은 선포된 말씀을 순종하고 존중한다.

이제는 거울을 볼 때마다 이마에 안수하며 간절히 기도한다.
"이제 족하오니 그만 멈추어 주옵소서."

나의 경쟁자(?) 조지 뮬러

✝

우리 신앙생활의 레전드로 불리는 5만 번 기도의 응답을 받은 조지 뮬러는 이렇게 말했다.

"걱정의 시작은 믿음의 끝이요, 참 믿음의 시작은 걱정의 끝이다."

조지 뮬러는 초기엔 여러 가지 방법을 통해 물질의 공급을 받았지만 계속되는 사역의 실패를 경험하며 나중에는 하나님으로부터의 전폭적인 도우심만으로 사역을 이끌어 갔다.

앞에서도 잠깐 언급했지만 교회 개척 4년여 기간은 참으로 어려웠다. 교회 건축부터 생활비와 사역비 모두를 온전히 하나님의 손에만 의지했다. 심지어 아내가 시집올 때도 일절 한 푼 가져오지 못하게 했다. 당시 아내는 부산에서 꽤 괜찮은 피아노 학원을 운영했다. 하지만 결혼을 하면서 다 정리하고 와야 했다. 피아노 학원을 정리하며 생겼던 수입도 다 친정에 드리고 오라고 했다.

조지 뮬러가 사모하며 기도하며 의지했던 성구는 '그의 뜻대로 무엇을 구하면 들으심이라(요일 5:14)' 말씀과 '…무엇이든지 기도하고 구하는 것은 받은 줄로 믿으라 그리하면 너희에게 그대로 되리라(막 11:24)' 말씀이었다. 사람을 의지하지 않았고 전폭적인 하나님의 방법을 통해 구하였다.

개척교회를 열심히 하고 있을 때 아내가 첫아들 안드레를 임신했었다. 하루하루를 주님의 은혜로 살아가던 때였다. 당시 미국 하나님의 성회 본부의 한국계 목사이신 데이빗 폴이라는 목사님이 내한해 있었다. 내한 이유는 안식년을 맞아 한국에 와서 학업도 하시고, 소망 있는 교회를 찾아 매달 200만 원 정도 되는 금액을 후원하기 위해서라는 것이었다. 신대원에서 우연히 만난 나에게도 이런 제안을 하셨다. 당시 아내는 입덧을 하고 제대로 먹지도 못했다. 사다 줄 것도 없었다. 아내는 변변한 외식은커녕 하루 세 끼도 제대로 못 먹을 때가 많았다. 그 상황에서 매달 200만 원은 엄청난 조건이 아닐 수 없다. 일주일간 기도했다. 그리고 거절했다.

"소망 있는 교회가 왜 지원을 받아야 합니까? 소망 없는 교회를 도와주셔서 소망을 주세요."

그때 낼름 받을 수도 있었다. 뭔 놈의 배짱으로 그랬는지 모르겠다. 하지만 그렇게 했다면 계속 사람의 손길을 의지했을 것이다. 나는 그렇게 하지 않았다. 하나님을 먼저 바라보았다. 영혼을 먼저 바라보

왔다. 하나님이 채우시고 일하시기를 기도했다. 엘리야의 까마귀처럼 하나님의 손길만을 바라보며 하루하루를 믿음으로 개척교회 4년을 넘겼다.

지금도 이 원칙은 변함이 없다. 선교를 할 때도, 건축을 할 때도, 무언가 중요한 결정을 할 때도 하나님께 기도로 공급받아 행한다는 신앙의 원리는 변함이 없다. 기도 없이는 일을 벌리지도 행하지도 않는다.

마이너스 재정에서 플러스 재정으로

†

　2008년이 되었다. 광야 같은 4년의 세월이 지나가는 때였다. 기쁜 소식이 재정부로부터 들려왔다. 재정이 점점 늘어나서 드디어 무거운 짐 같은 대출금을 올해 안에 다 갚을 수 있다는 보고였다. 나에게는 특별히 날 듯 기쁜 소식인 것이 나는 천성적으로 빚을 지는 것을 죽기보다 싫어한다. 일종의 강박증 같은 것이 있어서 지금껏 누구에게도 돈을 빌려 본 적이 없었다. 그 정도가 아니다 공과금이 하루라도 밀리면 그것도 빚이라 여겨 핸드폰 요금 한번 밀려 본 적이 없었고, 카드를 사용해도 지금까지 할부로 사 본 적이 없다. 아무리 무이자 할부래도 무조건 100퍼센트 일시불로만 결제한다. 그런 나에게 내 명의로 된 은행 대출은 비록 교회 개척과 건축, 운영을 위한 것이라도 하루라도 빨리 떨쳐 버리고 싶은 숨 막히는 짐이었다. 그런데 그런 짐 같은 대출이 올해면 다 해결될 수 있다니 얼마나 행복한 소식인가?

그런데 그때 하나님께서 나에게 이런 마음을 주셨다.

"돈이 남아돌 때 선교는 누구나 할 수 있지만 이렇게 나도 빚지고 있으면서도 선교할 수 있는 기회, 하나님께 더 큰 축복받을 수 있는 기회는 올해가 마지막이다!"

그래서 재정부에 남은 대출금이 얼마인지 물었더니 2천만 원이라 했다. 그래서 나는 재정부에게 선포하기를 "이제부터 한 푼도 대출금 갚지 말고 2천만 원을 모아 먼저 선교부터 하겠습니다."

필리핀에서 사역을 하시는 선교사님을 찾아 그곳까지 갔다. 후덥지근한 날씨, 가끔씩 쏟아지는 폭우가 여지없이 땀을 흘리게 만들었지만 거짓말같이 하늘이 맑게 개는 모습이 인상적이었다.

처음 계획은 온양순복음교회 이름으로 교회를 건축할 심산이었다. 선교사님은 젊은 신학생들 및 대학생들과 함께 신앙생활을 하고 계셨다. 선교사님이 돕고 있는 많은 크리스천 대학생들의 어려운 형편을 보니 울컥했다. 나도 2004년에 개척하면서 돈이 없어서 책도 한 권 못 사고 발을 동동거려야 했던 시절이 떠올랐기 때문이다. 그래서 그들에게 식사를 대접하고 용돈을 드렸는데 다음 날 보니 학생들은 받은 돈으로 책을 사고는 밥을 굶고 있었다. 한 달 생활비 전부를 책을 사는 데 쓴 것이다. 선교사님께서 설명해 주시기를 필리핀 사람들에게는 내일이 없단다. 하루하루가 힘들기 때문에 저축할 엄두도 못 낼 뿐더러 많은 돈이 갑자기 생기면 금방 다 써 버린다고 한다.

"아니, 굶고 있는 처지가 안쓰러워 밥 사먹으라고 준 돈으로 다 책을 사면 어떡합니까?"

"책을 너무 읽고 싶었어요. 밥은 굶으면 되지만, 책은 돈이 없으면 절대 살 수 없거든요."

"그럼 내일부터는 굶어야 해요?"

"네, 교회에 와서 때로는 식사하기도 하지만요."

천주교인이 대부분인 필리핀이라 개신교로 개종을 하면 대부분 가족 간의 지원은 끊어진다고 한다. 신학생들은 혼자 학비를 벌어 생활을 해야 하는데 필리핀 자체가 일자리를 구하기도 어렵고, 가족으로부터 버림받은 경우가 많아 절실히 도움이 필요하다. 필리핀 선교사님은 이렇게 말씀하셨다.

"목사님, 사실은 간절히 기도하고 있었어요. 우리 교회에 다니는 신학생들이 공부할 수 있도록 물질을 채워 달라고요."

"이렇게 신학생들이 어려운지 몰랐어요."

"한국 교회에서는 교회를 세우는 헌금은 많이 하려고 해요. 1000만 원에서 2000만 원만 있으면 땅을 사서 교회를 지을 수 있으니까요."

"그렇군요, 사실 저도 교회를 건축하려고 했었어요."

"교회는 건물이라 눈에 보이고 표시도 나지만, 신학생들을 지원하라고 하면 잘 안 해요. 교회는 세우려고 하지만 사람은 세우려고 하지 않거든요."

큰 도전과 깨달음이 있었다.

'그래, 우리 교회가 아니더라도 교회를 건축하겠다는 교회는 많다.

우리 교회는 사람을 건축하는 교회로 방향을 잡자!'

"선교사님, 그럼 우리 교회가 신학생들을 도울 수 있게 해 주세요. 교회가 아니라 사람을 세우겠습니다."

"목사님! 감사합니다. 드디어 하나님께서 기도 응답을 주셨군요!"

새까맣게 그을린 피부의 선교사님은 눈물을 보였다. 누가 시키지도 않았는데 우리 두 사람은 부둥켜안고 기뻐하며 울었다. 선교사님께 필리핀 신학생들과 대학생들을 잘 선별해서 추천해 달라고 했다. 단, 다음에 부합하는 사람으로 꼭 해 달라고 했다. 그리고 몇 가지 조건도 말했다.

첫째, 크리스천 학생을 추천해 달라.

둘째, 간절히 기도하는 학생을 추천해 달라. 찾아와서 도와 달라고 하는 사람은 빼라.

셋째, 장학금 이름을 까마귀[2] 장학금이라 하고 누가 도와주는지 알리지 마라.

넷째, 선교보고 안 해도 된다.

그때 크게 깨달은 교훈은 건물도 세워야 하지만 사람을 세우는 사역도 결코 간과해선 안 된다는 것이다. 그때 선교사님은 기다렸다는

---

[2] 여호와의 말씀이 엘리야에게 임하여 이르되 '너는 여기서 떠나 동쪽으로 가서 요단 앞 그릿 시냇가에 숨고 그 시냇물을 마시라 내가 까마귀들에게 명령하여 거기서 너를 먹이게 하리라' 그가 여호와의 말씀과 같이 하여 곧 가서 요단 앞 그릿 시냇가에 머물매 까마귀들이 아침에도 떡과 고기를, 저녁에도 떡과 고기를 가져왔고 그가 시냇물을 마셨으나 땅에 비가 내리지 아니하므로 얼마 후에 그 시내가 마르니라 (왕상 17:1~7)

듯이 형편이 어려워 기도하고 있던 20여 명의 신학생들과 대학생들을 추천해 주셨고 전액 장학금과 생활비를 모두 드렸다. 2000만 원이 딱 기가 막히게 모자라지도 남지도 않게 맞았다. 돌아와서는 교회를 건축하지 않고 모두 신학생 학비와 생활비로 썼다고 이야기했다.

그렇게 잊힌 듯 시간이 흘렀다. 4년 뒤인 2011년에 처음으로 우리 교회에서 시골에서는 유래가 없는 선교대회를 열었다. 공개적으로 실행한 유일무이한 대대적인 프로그램이라고나 할까? 전 세계에 흩어져 있는 일본, 태국, 필리핀, 몽골 등 선교사님들을 모시고 한 주씩 선교대회를 개최했다. 그때 필리핀 선교사님도 우리의 초청으로 교회를 방문했다. 반갑게 만나서 그간 사정을 들어 보니 우리가 후원했던 바로 그 교회에서 여섯 명의 목사와 여덟 명의 선교사가 세워졌고 파송되었다는 놀라운 소식을 들을 수 있었다. 그중 한 분이 크리스티나 선교사로 태국의 극렬한 이슬람 지역에서 가장 왕성하게 하나님의 복음을 전하고 있었다. 바로 4년 전 생활비와 등록금을 후원받았던 분이다.

"크리스티나 선교사님은 4년 전 여러분들의 후원에 힘입어 신학교를 마치고 태국 선교사로 파송되었습니다."

그때까지도 그게 그렇게 감격스러운 일인지 몰랐다.

"그녀는 태국에서도 극렬한 이슬람 지역에서 생명을 내어놓고 선교하며 하나님의 복음을 증거하고 있습니다."

이슬람 지역은 상상을 초월했다. 목숨을 내놓지 않고서는 사역을 시작조차 할 수도 없는 지역이라고 했다.

"하나님께서는 놀랍게도 그 지역을 변화시키셨습니다. 지금은 교회가 세워지고 온전한 찬양이 울려 퍼지고 예배가 드려지는 영광의 장소로 변화되었습니다!"

그렇다, 우리가 자유롭게 예배드렸던 그 순간 이역만리에서도 하나님을 향해 생명을 걸고 드리는 예배가 있었던 것이다.

하나님께서는 우리 교회의 첫 플러스 열매를 통해 열네 명의 필리핀 현지인 목사와 선교사를 세워 주셨다. 그때 받은 선교적 비전은 너무도 강렬했다. 이렇게 편안하고 안락한 자유대한민국에서 얼마나 많은 은혜 가운데 예배를 드리고 있는가!

어찌 생각하면 지금은 가장 손쉬운 선교의 시대가 되었다. 물질적으로만 헌신하면 전 세계에 흩어진 '나를 보내소서!' 하고 외치는 수많은 청년들을 전 세계로 파송할 수 있으니 말이다. '가는 선교사, 보내는 선교사'란 구호처럼 2011년 이후 우리 교회의 새로운 트렌드는 '선교하는 교회, 사람을 세우는 교회'로 굳혀졌다.

이 사역은 계속해서 지금도 이어 오고 있다. 울산온양순복음교회의 첫 플러스 열매를 거룩한 하나님의 선교사역에 드리자 하나님께서 큰 은혜로 역사해 주셨다. 그래서 우리 교회는 사람을 세우는 선교의 비전을 계속 실행해 나가고 있다.

설교에 목숨을 걸다

†

　전 세계에서 가장 높은 산은 네팔에 있는 에베레스트 산이다. 높이는 8848미터로 지구상에서 가장 높다. 가장 높은 산으로 알려진 이후 1924년부터 많은 원정대들이 정상 정복에 도전했으나 실패했다. 그러다가 1953년 5월 29일 에드먼드 힐러리와 텐징 노르가이가 처음으로 정상에 올랐다.

　설교 강단은 내게 항상 에베레스트 산과 같다. 쉽게 오를 수도 없고, 철저한 준비를 하지 않고는 결코 갈 수 없는 곳이다. 설교 강단은 오르면 오를수록 두렵고 떨리는 곳이다. 설교 시간이 다가올수록 신경은 극도로 곤두서고 대화조차 일절 삼간다.

　많은 분들이 나의 설교 준비에 대해 질문을 한다. 이에 대한 답변은 단순하고 분명하다.

"설교 준비에 목숨을 겁니다."

설교 준비로 묵상하고 기도하며 일주일을 보낸다. 하나님께서 이번 주에 전하라고 하는 메시지를 찾게 되면 읽고 또 읽는다. 묵상하고 다시 또 묵상하고 이렇게 반복되는 가운데 설교는 무르익는다. 중간에 내 자신이 말씀에 감동됨이 없고 눈물이 나지 않고 도무지 영감이 더 이상 떠오르지 않으면 아무리 준비를 많이 한 설교문이라도 그 자리에서 찢어 버린다. 하나님의 마음을 품을 때까지, 하나님의 피맺힌 영혼에 대한 사랑과 구원하시고자 하는 절규가 내 심장에 전율을 줄 때까지 설교 준비는 계속된다.

에드먼드 힐러리는 '뛰어난 사람만이 인생을 잘 사는 게 아니다. 중요한 것은 동기이며 진정 무엇인가를 이루기 원한다면 온 마음을 다 해야 한다'고 했다. 온 마음을 다해 드리는 예배, 하나님을 향한 하나의 집중. 교회 부흥의 키는 예배에 있다고 믿는다. 우리 교회는 특별한 양육 시스템이나 프로그램도, 그 흔한 제자훈련도 없다. 모든 사역은 예배에 집중되어 있고, 나는 설교에 집중한다.

또 한 가지 설교 비결이 있다면, 설교 전에는 절대로 음식을 먹지 않는다. 소화도 되지 않을 뿐더러 강단에 올라가면 부대껴서 설교를 할 수가 없다. 부흥회 강사로 갈 때도 마찬가지이다. 하루에 점심 한 끼만 먹고 저녁 집회 끝날 때까지 견딘다.

강단에 오르기까지는 힘들지만 오르고 나서는 어디서 힘이 솟는지 두세 시간을 설교해도 지칠 줄 모른다. 하나님께서 강단 체질로 만드신 것 같다.

심방을 갈 때도 마찬가지다. 나는 한국 교회의 전통적인 심방목회는 하지 않고 있다. 봄, 가을로 나눠서 하는 춘계·추계 대심방기간이 없다. 하지만 간절한 성도의 요청이 있을 때에는 심방을 간다. 심방에서 하는 설교도 주일 예배와 마찬가지로 준비한다. 성도를 생각하며 간절히 기도한다. 묵상하고 또 묵상해서 설교를 준비한다. 그러므로 두 가지 설교의 강도와 시간은 비슷하다. 그 가정을 위한 맞춤 부흥회인 셈이다.

설교 세미나에 강사로 초대받아 갈 때도 있다. 많은 분들이 이 부족한 종에게 질문하신다.

"설교를 준비하는 특별한 비결이 무엇인가요?"

"특별한 비결은 없습니다. 양 떼를 향한 하나님의 간절한 심정을 찾으려고 발버둥 치고, 하나님의 말씀과 제 심령이 하나 될 때 설교 준비는 시작됩니다."

엄청난 비결을 기대하셨던 분들에게는 김빠진 대답일 수 있다. 너무 원론적인 답일 수도 있다. 하지만 이것이 나의 설교 준비의 실체이다.

「우리 목사님은 왜 설교를 못할까」란 제목으로 홍성사에서 나온 책이 있다. 데이비드 고든 목사가 쓴 128쪽짜리 매우 얇은 책이다. 이 책은 미국 교회의 설교자들을 대놓고 디스[3]한다.

---

3) '존경한다'는 의미인 respect의 반대말 disrespect에서 온 말. 상대를 깎아내리는 행위를 가리킨다.

'오늘날의 설교는 수준 이하다.' 4)

왜 설교가 수준 이하가 되었을까? 로터리 클럽 강연만치도 안 되는 비논리적이며 뒤죽박죽 요지도 결론도 없는 설교가 많다고 이 책은 지적한다. 내가 자랄 때만 해도 기라성 같은 설교자들이 많았다. 옥한흠, 하용조, 이중표, 한경직, 김동익…. 시간은 흘렀고 한국 교회의 굵직한 획을 그었던 설교가들은 소천하시거나 은퇴를 하셨다. 한국 교회의 뒤를 이을 대표적인 설교자들이 많아져야 하는데, 현실은 그렇지 않은 것 같다. 젊은 목회자들 중에 대표적인 설교가를 꼽으라 한다면 많이 주저하게 된다. 설교 롤 모델을 찾고 싶은데 찾기가 쉽지 않았다. 궁여지책으로 기도하며 말씀을 묵상했다. 예전에는 목사님들의 설교집이 나오기를 기다렸다가 설레는 마음으로 서점에 가 갓 제본되어 잉크 냄새가 채 마르지도 않은 책을 사곤 했다. 요즘엔 이러한 책들을 찾기가 도통 쉽지 않지만 그래도 간간이 풍성한 내용의 설교집을 만날 때는 금광을 발견한 듯한 기쁨이 든다. 하나님께서 나를 부르실 때 하셨던 말씀이 아직도 생생하다.

"나의 양을 칠 목자가 부족하다."

"제가 왜요? 교회도 많고 목사도 많은데 하필 왜 제가 해야 합니까?"

"나의 양을 칠 목자가 부족하다."

하나님께서 많이 부족한 나를 불러 세우신 것은 큰 은혜가 아닐 수 없다. 설교를 준비할 때마다 겸손히 하나님의 은혜를 구하지 않을 수 없다. 롤러코스터는 처음 탈 때는 무섭지만 타면 탈수록 재미가 있다.

---

4) David T. Gordon, 「Why Johnny Can't Preach」, 최요한 역, (서울: 홍성사, 2012), 18.

스릴 넘치는 구간은 정해져 있고 반복하면 오히려 즐기게 된다. 인생을 롤러코스터에 비유하곤 한다. 하지만 설교는 마치 공중에서 수직으로 의자에 앉아 낙하하는 자이로드롭 같다. 반복하면 할수록 타기가 망설여지고 두렵기까지 하다. 일전에 자이로드롭을 다섯 번까지 도전했다가 '이건 아니다' 싶어 그만 포기한 적이 있다. 하면 할수록 적응은커녕 더욱 두려워졌기 때문이다.

　설교 역시 에베레스트 산에 오르는 것과 같다. 강단에 오르는 일은 쉽지도 않고, 늘 설렘과 두려움이 있다. 가슴이 뛰고 호흡이 가빠지다가 긴장이 너무 심해져서 도저히 안 되겠다 싶으면 진정제를 먹고 강단에 오르기도 한다. 찰스 스펄전은 준비함 없이 강단에 오르는 자를 무례하다고 하였다. 두렵고 떨림으로 나는 오늘도 원고와 씨름하고 청심환을 먹고서야 강단에 오른다.

난 참 요나처럼 살았군요

난 절대로 목사 안 할 거다

✝

　아버지와 어머니는 믿음으로 만나 결혼을 하셨다. 신앙의 1대인 셈이다. 자녀들을 많이 낳던 시절이기도 했지만 우리 아버지는 9남매, 어머니는 7남매의 막내로 태어나셨다. 결혼하시기 전에는 서점을 운영하셨고, 출판 일도 하셨다고 한다. 결혼 후 첫딸인 우리 누나가 태어났는데 그만 장에 염증이 생기는 희귀한 병에 걸리고 말았다. 서울대학병원과 연대 세브란스병원등 최고의 병원을 전전했으나 원인을 알 수 없는 병에 걸려 곧 죽게 되었을 즈음에 아버지께서는 목회자로 살 것을 서원하셨고 더 이상 갈 병원도 없어 지푸라기라도 잡는 심정으로 찾아간 초라한 병원에서 수술을 받고 기적적으로 회복되었다고 한다.

아버지는 서원 이후 하나님께 소명을 받고는 모든 것을 다 버리고 목회의 길로 접어드셨다. 충남 공주 탄천면 시골에 있는, 교인도 거의 없고 덩그러니 허물어져 가는 예배당만 있던 감리교회로 자원해서 첫 목회를 시작하셨다. 아직 신학교를 다니시던 아버지가 서울로 올라가시는 날에는 엄마와 우리 3남매가 집에서 부둥켜안고 무서워했던 기억도 난다.

아버지는 나이가 든 이후부터 예수님을 믿으셨기 때문에 주일학교 어린이들이 부르는 어린이 찬송가를 거의 모르셨다. 그래서 나는 어렸을 때 아버지 어머니께 복음찬송을 배운 기억이 없다. 어른들과 함께 드리는 예배가 많았고 이사를 자주 다녔기 때문에 어린 시절에 대한 특별한 기억은 없다.

아버지는 전통적인 감리교회의 목사셨다. 이른 새벽이면 눈을 뜨고 일어나서서 교회에 달려가 새벽 예배를 인도하셨다. 집으로 돌아오셔서는 설교를 준비하시고 성도들을 위해 기도하셨다. 누구와도 다름없는 평범한 시골 교회 목사셨다. 고등학교까지 7~8번 사역지를 옮겨 다니셨지만 단 한 번도 큰 교회에 부임하신 적이 없으셨다. 자그마한 교회로 부임하시면 열심히 목회를 하시고 교회가 어느 정도 안정이 되고 부흥이 되면 교회 건축을 시작하시곤 했다. 가시는 교회마다 건축을 하셨는데, 우리 아버지는 건축의 은사가 있으셨던 것 같다. 덕분에 우리 집 형편은 말이 아니었다. 사례비를 못 받으신 적도 많았고, 덕분에 우리 가족은 늘 여러 가지로 힘들었다. 항상 교회가 먼저셨고 우리는 나중이었다.

아버지가 목사였지만 교인들은 우리 3남매 역시 항상 특별 대접해 주었다. 나는 어린아이가 아니었다. 누나와 여동생도 목사였다. 그들은 불꽃같은 눈으로 우리를 지켜봤다. 그래서 어린 나이 때부터 일찍 철이 들었다. 아버지께 누가 되지 않도록 가식적인 삶을 챙겨야 했다. 그래서 어릴 때는 아버지가 너무 싫었다. 아니, 목사가 너무 싫었다.

'목사는 무슨 놈의 목사, 난 절대로 목사 안 할 거다!'

이렇게 결심한 적이 한두 번이 아니다. 목회자 자녀에 대한 교인들의 기대치를 맞추며 살기는 매우 어려운 일이었다. 예배를 절대 빠져서는 안 됐다. 아무리 억울한 일이 있어도 교인들의 자녀와는 싸움을 해서도 안 됐다. 그저 모범생으로 참고 인내하고 견디는 아름다운 모습만 보여야 했다. 난 초등학생 어린아이에 불과했지만 사람들은 그렇게 보지 않았다. 내가 잘못하면 아버지 욕을 했다.

"목사 아들이 그러면 쓰냐? 가정에서 어떻게 교육을 받았냐? 아버지가 그렇게 가르치더냐?"

나를 욕하는 건 참을 수 있었지만 아버지를 욕하는 말은 정말 참을 수 없었다. 어쩌면 목회자의 자식으로 살아야만 하는 숙명의 삶에서 어떻게든 벗어나기 위해 고등학교 때부터 반항했을지 모른다. 초등학교, 중학교 때까지만 해도 교회와 학교의 거리가 가까웠다. 사람들도 많지 않았고 모든 선생님들과 학생들은 우리 아버지가 목사란 것을 너무도 잘 알고 있었다. 삐딱하게 살고 싶어도 그렇게 살 만한 환경이 못 되었다. 스트레스를 받으면서도 위선된 삶을 살아야만 했다.

하지만 지금 철이 들어 가만히 돌이켜 생각해 보면 우리 부모님같이 훌륭하고 존경스러운 분들이 어디 있을까 싶다. 가는 곳마다 교회를 건축하시고, 자그마한 교회에 아름다운 성전을 만들어 봉헌하셨다. 모두 자신의 피와 살로 말이다. 거짓되게 행치 않으셨고, 교회에 피해를 줘 가며 자신의 몫을 챙기시지도 않으셨다. 누릴 만큼이 되어도 안주하지 않고 교회를 물려주신 후 다른 곳으로 가셨다. 지금은 조기 은퇴하셔서 우리 교회 협력목사로 동역하고 계신다. 아버지는 좋은 목회의 조력자이자 멘토가 되어 주시고 있다.

이런 아버지 어머니의 철저한 헌신, 목자로서의 순종 덕분에 우리 3남매가 모두 훌륭하게 성장했다. 나도 아버지의 피를 물려받아 건축의 은사가 있는 것 같다. 첫 개척지도 직접 건축했고 두 번, 세 번에 거친 증축도 이루어 냈으니 말이다. 이제 네 번째 증축을 진행 중이다. 교인들이 앉을 자리가 없으니 말이다. 자리가 없다 보니 궁여지책으로 유아부실과 교육관에서 비디오를 이용해 예배를 드리고 있다.

아무리 생각해 봐도 지금의 은혜는 너무도 크다. 내가 이렇게 하나님의 은혜 가운데 목회하고, 하나님께서 은혜를 주셔서 부흥할 수 있는 이유는 아버지께로 물려받은 목회 유산 때문이 아닌가 싶다.

난 쓰레기였다

✝

　1994년 충북대 정치외교학과에 입학했다. 나의 대학 전공을 알게 된 사람들은 깜짝 놀란다. 경영학과나 전자공학과, 영문학과는 들어 봤어도 정치외교학이라니? 목회와 정치외교학이 관계가 있을까 싶다. 나는 논리적이고 합리적인 것을 좋아한다. 문과라 선택의 폭도 좁았지만 정치외교란 과목이 맘에 들었다. 일단 폼 나지 않는가?
　대학 진학까지는 험난한 과정이 있었다. 고교 2학년 때부터 막가는 인생 열차에 몸을 싣고 끊임없이 벼랑으로 떨어지고 있었다. 일진 비슷한 애들하고만 어울렸고 성적은 바닥을 쳤다. 내신만으론 절대로 진학할 수 없는 상황이었다.
　다행히 논리적이고 종합적인 사고력을 요구하는 수능이 마침 시작될 시기였다. 거기에서 좋은 점수를 얻은 나는 학교에 진학할 수 있었다. 집안 형편상 대입부터는 혼자 힘으로 모든 것을 해결해야 했다. 입학금부터 생활비까지 모두 내 손으로 처리해야 했다. 이런 상황이다 보니 사립대는 꿈도 꿀 수 없었다. 등록금이 상대적으로 낮은 국립대를 찾았고 과목은 정치외교학을 선택했다. 딱 내 적성에 맞는 과목이라고 생각했다. 대학에 입학하고 나서는 무리의 보스가 되어 친구들을 몰고 다녔다. 눈에 거슬리면 선배고 후배고 가리지 않고 주먹을 휘둘렀다. 학교에서 나를 모르는 사람이 거의 없었다. 천성이 사람을 좋아해서 내 주변은 언제나 북적북적했다. 많은 이들이 나를 따르고 좋아했다.

그러나 이때는 더욱 주님을 떠나서 본격적으로 살기 시작한 때였다. 모태신앙이었지만 형식적인 예배 생활마저도 등한시했다. 술은 나의 친근한 벗이 되었고, 주일성수를 어기는 것이 생활이 되었다. 거의 불신자의 영성에 방불하는 신앙 상태가 되었다. 나의 대학 생활도 엉망이었다. 나의 대학 생활을 한 줄로 표현하자면,

쓰레기였다.

더하고도 뺄 것도 없는 사실이다. 기억하고 싶지도 않지만, 지울 수도 없는 과거이다. 그때 나를 기억하던 사람들은 놀란다. '이건 현실이 아니야!'라고. 목사가 되었다는 말을 듣고는 더욱 기절초풍한다.

"안호성이가 목사가 되었다고?"

"요즘은 깡패 양아치도 목사 하냐?"

"거짓말인 거 같은데?"

"에이, 다른 사람이겠지!"

부끄러운 기억이지만 사실이다. 목사가 되었다는 사실 자체가 기적이고 은혜가 아닐 수 없다. 대학 시절에는 아침저녁으로 아르바이트를 하며 생활비와 학비를 벌어야 했다. 그때는 미친개처럼 살았지만 경제관념만은 철저해서 한 달치 생활비는 항상 저축했다. 빠듯하게 살면서도 가끔 후배들 밥도 사 주고 돈을 빌려 주기도 했다. 대학 때부터 '투철한 자립정신'을 실천하며 살았던 것이다.

같이 입학했던 동기들은 1학년을 마치면서 군에 입대하기 시작했다. 나는 3학년을 마치고 군에 입대할 수 있었다. 여러 가지 이유로 현역 입대는 못 하고 공익 근무로 3년을 보내야 했다.

예배드리는 자의 용기

†

　제대하고 나서 복학하자마자 얼마 지나지 않아서 영국 유학길에 올랐다. 유학 가기 전날까지 내가 데리고 있던 후배들이 인사를 오는데 밤새도록 놀고 마셨다. 아침에 잠이 덜 깬 상태에서 부랴부랴 김포공항까지 갔다. 그때는 김포공항에서 영국 가는 비행기를 탈 수 있었다. 무사히 공항에는 잘 도착했다. 짐도 한 배낭 짊어지고 갔다. 근데 문제가 생겼다. 아무리 찾아도 여권이 없었다. 친구들은 다 비행기를 타고 갔는데 나만 돌아와야 했다. 기가 막히고 코가 막혔다. 참으로 인생의 막장이 아닐 수 없었다. 입학을 딱 맞춰 준비했는데 날짜가 늦춰지면서 할 수 없이 3개월여가 지난 뒤에서야 홀로 영국으로 떠날 수 있었다.

도착하고 보니 모든 것이 낯설었지만 천성이 어울리는 것을 좋아해 점점 적응하게 되었고 그곳 생활이 재미있어졌다.

반면 물질적으로는 많이 힘들었다. 영국은 물가가 비쌌기 때문이다. 방값이 생활비의 절반을 차지할 정도로 부담이 컸다. 집에서 한 달에 200~300만 원씩 송금 받는 학생들도 알바를 해야 할 정도로 사는 게 녹록지 않았다. 나도 영국에 가서 자립을 해야 했다. 일자리를 구해서 밤에는 일하고 낮에는 학교에 가서 공부하고 그렇게 지냈다. 그러던 어느 날, 일을 그만두게 됐다. 영국에서는 한 달치 월세를 선불로 주고 한 달치를 더 줘야 방을 구할 수 있다. 여럿이서 함께 방을 구해서 쓰기도 한다. 러시아 사람이랑 같이 쓴 적도 있고, 기타 여러 나라 사람들과도 함께 지낸 적이 있다.

한번은 우리나라분이 운영하는 하숙집에서 방을 쓰고 있었는데 모두 우리나라 애들이었다. 같은 교회에 다니던 학생들이 태반이었다. 나만 일자리를 구해야 하는 것이 아니었다. 여러 명의 친구들이 일주일 안에 일을 구해야만 했다. 아르바이트를 구하는 업소에 들어가면 카운터에 못 같은 것이 세워져 있는데 거기에 연락처와 이름을 적어 꽂아 놓으면 매니저가 보고 연락을 주어서 일을 시작하는 방식이었다. 하지만 꽂혀 있는 이름이 40~50장은 되는 듯싶었다. 그렇게 일주일 동안 일자리만 구하다가 주일이 되었는데 나는 예배를 드리러 교회에 갔다. 그러나 그날은 많은 친구들이 일자리를 구하러 다니느라 교회에 오지 않았다. 예배를 잘 드리고 돌아와 집에 앉아서 당장 내일 어떻게 하나 걱정하고 있는데 누가 똑똑 문을 두드렸다.

"호성 학생 있어요?"

주인집 아주머니였다. 사실은 자기가 앞 건물에서 청소 일자리를 구했는데 갑자기 사정이 생겨 일을 못 하게 됐단다. 나보고 그 일을 대신할 수 없겠냐는 것이었다.

"물론이지요!"

예배드리고 와서 가만히 앉아만 있었는데도 저절로 일자리가 내게 생긴 것이다. 친구들이 하나둘씩 들어왔다. 일자리를 구하지 못해 낙심한 표정들이 역력했다.

"일자리 구했냐?"

"아니, 못 구했어. 어떡하지? 넌 구했냐?"

"나는 일자리 구했어!"

"응? 어떻게?"

나는 웃고만 있었다. 하나님께 예배를 드렸더니 하나님께서 나의 문제를 해결해 주셨다. 이후로 나의 생활은 훨씬 더 수월해졌다. 주인 아주머니가 고맙다며 내게 간식도 갖다 주시고 그곳에 있는 동안 참 잘해 주셨다.

머레이라는 곤충학자가 흰개미를 연구했다. 그는 흰개미굴 주변에 동그랗게 구덩이를 파고 물을 부었다. 그러고는 단 한 군데에 대롱막대를 매달아 놓았다. 외부와 통할 수 있는 유일한 다리인 셈이다. 그리고 관찰을 했다. 밖에서 나가 먹이를 구하러 오는 개미들과 안에서 밖으로 나가려는 개미들의 모습을 유심히 보았다. 안에 있던 개미들은 밖으로 나가려다 도랑이 파진 것을 보고 일대 혼란이 일어났다. 여기저기 돌다가 대롱을 발견하고는 넘어가려고 하다가 단 한 개미도 그 대롱을 넘어가지 못하는 것을 발견했다. 반면 외부에서 먹이를 구하고 돌아오는 개미들은 모두 이 대롱을 넘어 집으로 돌아오는 것이었다. 머레이는 귀소본능이라고 말했지만, 나는 이것이 그리스도인의 예배 본능이라고 말하고 싶다. 동일한 위험 요소가 있지만 꼭 나가야 한다는 생각이 없는 개미들은 그 위험 인자 때문에 모두 포기했지만 귀소본능으로 인하여 반드시 집에 돌아가야 하는 개미들은 모두 위험을 무릅쓰고라도 그 죽음의 계곡을 건넌다는 것이다. 우리의 예배와 순종도 마찬가지가 아닐까? 상황과 처지가 순종과 헌신 예배를 좌우하는 것이 아니라 스스로 그것들을 반드시 해야 할 가치로 여기느냐 그렇지 못하느냐의 싸움이라는 것이다.

예배를 드리면 그리스도인의 삶은 하나님이 책임져 주신다. 쉽고 간단한 원리지만 실천하지 못함으로써 얼마나 많은 그리스도인들이 주일날 엉뚱한 일을 하면서 시간을 보내는지 모르겠다.

나는 그때의 경험을 잊지 못한다. "예배를 드렸더니 하나님이 책임져 주셨다!"

지금도 이 교훈은 나의 목회에 큰 영향을 미치고 있다.

'예배에 목숨거는 교회' 이것이 우리 교회의 별명이다.

만약 예배가 조금이라도 흐트러지고 전심으로 예배하지 않으면 예배를 멈추고 불호령을 내린다. 장로님들이 일어나 회중들과 함께 복창을 시작한다.

"예배는 나 같은 것 따위가 훼손할 수 있는 것이 아니다!"

"분위기 파악을 잘하자!"

"주제 파악을 잘하자!"

장로님들이 쩌렁쩌렁 선창하면 회중들은 함께 복창한다.

회개의 눈물이 흐르고 다시 진정한 예배를 드릴 준비가 될 때까지 말이다. 이 광경을 처음 보는 자들은 당혹스러움을 감추지 못한다. 어떤 이들은 대 놓고 욕을 하기도 한다. 젊은 목사가 싸가지 없이 아버지뻘되는 장로들을 일으켜 세우고 망신을 준다고 말이다. 하지만 그것은 엄청난 오해다. 장로님들이 내 앞에 숙이고 용서를 구하고 있는 것이 아니다. 크고 위대하신 하나님께 하는 것이며 이것은 바로 하나님을 하나님 대접해 드리고 있는 아주 당연한 모습인 것이다.

나는 그래서 우리 교회 장로님들을 누구보다 사랑하고 존경한다. 목사를 하나님의 사자로서 존경하며 하나님의 말씀을 하나님의 말씀으로 들으며 하나님을 하나님 대접해 드리는데 모든 권위를 내려 놓을 수 있는 용기가 우리 장로님들에게는 있다.

우리가 주님께 드리는 예배에 목숨 걸고 미치면 주님께서 우리의 모든 것을 책임지신다는 확신이 나에게는 있다. 하지만 아무리 좋은 조건과 형편에 있어도 예배가 제대로 드려지지 않는 곳에서는 하나님께서는 결코 일하시지 않는다는 사실 또한 두려운 마음으로 항상 기억하고 있다.

첫 번째 수술
살려만 주신다면 주의 종이 되겠나이다

✝

　1년쯤 지나자 방황하여 다시스로 갔던 요나처럼 그곳 생활이 점점 더 적응되고 재미있어졌다. 그 재미의 하이라이트가 찾아왔다. 유럽 전역을 기차를 타고 배낭여행 할 기회가 온 것이다. 도전 정신, 모험 정신에 익숙한 내게 '나 홀로 배낭여행'은 일도 아니었다. 룰루랄라! 프랑스, 벨기에, 이탈리아, 스위스 등등 신나게 유럽 일대를 돌았다. 혼자서도 마냥 즐거웠다. 보름 정도의 일정을 마치고 기쁜 마음으로 영국에 돌아왔다. 나는 그때까지도 내게 어떤 일이 벌어질지 꿈에도 생각 못 했었다.
　드디어 고난의 서곡이 울렸다. 2층 버스에서 내리는데 갑자기 한쪽 다리가 이상하게 저려 왔다. 혼자서 못 내릴 만큼 상태가 갑자기 나빠지기 시작했다. 처음엔 며칠 지나면 좋아지겠지 했다. 하지만 시간이 지날수록 다리를 쓸 수가 없었다. 영국의 의료 체계에 따르면 외국인에게 무료로 치료해 주는 경우도 많지만 피가 나고 뼈가 튀어나오는 등 심각한 외상이 없으면 줄을 서서 기다려야 한다. 하루 이틀 그저 기다릴 뿐 예약 시스템도 없다. 줄 서다가 돌아가실 지경이었다. 가족도 없는 곳에서 치료받기도 힘들고 해서 급기야 유학을 포기하고 귀국을 서둘렀다. 부랴부랴 귀국해서 부모님이 계신 청주로 돌아왔다.

사실 영국에서 1년 넘게 생활하면서 먹고 싶은 우리나라 음식이 얼마나 많았는지 모른다. 유학생들은 모두 공감할 것이다. 생각날 때마다 공책에 적었는데 500개도 넘게 적은 것 같다.

얼큰, 달콤, 새콤, 매콤하면서 쫄깃쫄깃한 쫄면, 냉면, 우동, 닭갈비, 감자탕, 막국수, 족발, 짜장면, 순대, 곱창, 칼국수, 불고기, 탕수육, 잡채, 고기만두, 찐빵, 김밥, 치킨….

'아, 집으로 돌아가면 얼큰한 순두부찌개 먹어야지' 하고 생각만 해도 군침이 돌았다. 하지만 막상 우리나라로 돌아왔는데도 음식이 입에 통 들어가지 않았다. 입맛을 완전히 잃었다. 오직 목으로 넘길 수 있는 것은 요구르트뿐이었다. 그야말로 모든 음식을 내 몸이 거부하는 것이었다. 다리가 저리고 쓸 수가 없어서 정형외과를 먼저 갔다. 이리저리 검사를 했지만 이렇다 할 결과가 전혀 나오지 않았다. 이리 찔러 보고 저리 찔러 보고, 사진 찍고, CT에 혈액검사에 온갖 검사는 다 해 봤지만 다리엔 이상이 없었다.

"참 이상하네요? 다리는 이상 소견이 안 나오는데 다리가 왜 그럴

까요?"

참 답답한 의사 양반이네! 환자에게 물어보면 내가 알아요? 물론 속으로 그랬다. 미치고 환장할 노릇이었다. 그동안 검사를 받으며 음식도 전혀 먹지 못한 채 링겔만 맞고 일주일이 지나자 피골만 남았다. 신장결석이라면서 치료를 병행하기도 하고, 물리치료를 받기도 하며 하루하루 쓸데없는 시간을 끌었다. 하지만 나는 서서히 죽어 가고 있는 자신을 느꼈다. 너무도 많이 힘들었다. 원인도 모른 채 병원에서 검사만 받다가 죽을 판이었다.

의사는 자꾸 "다 됐어요."란 말만 했다. "뭐가 다 됐는데요? 죽을 때 가요?" 치료가 다 됐다는 소리라는데, 치료는커녕 나는 죽음이 가까워짐을 느꼈다.

어머니께서 도저히 안 되겠다 싶었는지 퇴원을 안 시켜 주려는 의사와 담판을 짓고는 인근 병원으로 나를 옮겼다. 그러나 이미 상태는 악화될 대로 악화된 후였다. 몸무게는 급격히 줄어 40킬로그램 이하가 되었다. 키 179센티미터에 몸무게가 38킬로그램이 되자 피골이 상접했다. 피부와 뼈가 달라붙는다는 말이 내게 실현된 것이다. 여기서는 일단 몇 가지 검사를 하더니 염증 수치가 매우 높은 것을 보고는 의사가 먼저 놀랐다.

"아니, 이렇게 되도록 뭐 하셨어요?"

'뭐 하긴요, 이것저것 검사받고 신장결석 치료도 하고 물리치료도 받고 있었는데….'

말도 잘 나오지 않았다. 이미 송장이나 다름없었다.

"일단 배에 염증이 심하니 개복해서 수술을 먼저 해야겠습니다. 응급입니다!"

그렇게 비몽사몽 의식이 꺼졌다. 사태가 너무 심각하다고 생각한 의사는 검사고 뭐고 일단 개복부터 먼저 하는 게 급선무라고 생각한 모양이다. 수술이 끝났지만 상황을 잘 알 수 없었다. 온몸에 힘이 전혀 없었고 숨조차 쉬기도 힘겨울 지경이었다. 나중에 정신이 들었을 때 들은 이야기다. 수술한 의사가 이렇게 말했다고 한다.

"장 상태가 너무 나쁩니다. 전체가 녹아내려 있고 구멍이 군데군데 뚫려 있는 데다가 고름이 가득 차서 전혀 손을 쓸 수가 없었습니다. 그냥 다시 닫았습니다. 마음의 준비를 하셔야겠습니다."

의식이 돌아왔을 때 내 옆구리에는 큼지막한 튜브와 거즈가 잔뜩 박혀 있었다. 배 속에 있는 고름을 빼기 위해 임시로 박아 놓은 튜브라고 했다. 옆구리에 붙인 거즈에서 냄새가 나기 시작했다. 내 코로도 악취가 심하게 들어왔다. 뭐라고 형언할 수가 없었다. 시궁창도 걸레 빤 냄새도 아니었다. 역하고 생전 처음 맡는 악취였다.

'송장이 썩는 냄새가 이런 거구나….'

뼈만 남고 근육은 모두 사라졌다. 거울은 차마 볼 수조차 없었다. 뼈 무게만 남고 겨우 숨만 붙어 있었다. 고개조차 돌리기도 힘겨웠다. 거울을 보면 내가 도리어 놀랐다. 해골이었다.

'아, 이것이 사망이라는 것이구나. 이대로 죽는구나.'

절망을 넘어서니 자포자기 상태가 되었다. 기력마저 다 쇠하고 나니 신음 소리도 잘 안 나왔다.

'주… 주님, 살려만 주시면… 주의 종이 되겠습니다.'

하나님께서 나의 소리를 들으셨을까? 아침마다 의사가 와서 옆구리에 끼워 둔 거즈를 교환했다. 고름이 잔뜩 밴 거즈에는 역한 냄새가 진동했고, 자다가 몸을 뒤척여 꼽혀 있는 튜브가 옆구리 상처를 건드리면 머리카락이 다 솟을만큼 소름끼치게 아팠다.

그 끔찍한 병상을 몇 달 동안이나 곁에서 지키며 아무 음식물도 못 먹고 물조차 삼키지 못하는 아들 따라 생으로 밥먹듯이 굶으시던 어머니! 내가 보지 못하게 그 더러운 좌욕실에 숨어 끼니를 때우시던 어머니…. 지금도 눈물나게 감사하고 죄송할 따름이다. 어머니 손에 소변을 받아내야만 했던 그때 나의 심정은 정말 혀를 깨물고 죽고 싶었다. 하지만 혀를 깨둘 힘조차 내게 남아 있지 않았던 비참함 그 자체가 당시 나의 삶이었다. 내가 죽을 때까지 이 세상 최고의 효도를 다한다 해도 보상해 드릴 수 없는 불효를 그때 난 우리 부모님께, 특히 어머니께 했던 것이다.

아버지 친구 목사님들이 찾아오셔서 내 꼴을 보더니 깜짝 놀라셨다. 그러고 나서 눈물을 흘리며 기도하셨다.

"오, 주님! 이 아들을 살려 주시고 치료해 주시옵소서!"

그러며 펑펑 우시는데 내가 다 민망했다. 기도에 확신도 없어 보였다. 의사는 포기한 지 오래고, 목사님들마저 포기한 것 같은 기도를 하시는데 답이 안 나왔다. 시간은 기약도 없이 흐르고 점점 절망을 향하여 나아갔다. 그러던 어느 이른 아침, 아버지가 들어오시더니 갑자기 이불을 확 걷었다. 그리고 난데없이 사진을 찍으시기 시작했다. 다 죽어

가는 아들 사진을 찍어 대는 아버지의 모습을 보며 헛웃음이 나왔다.

'드디어 아버지도 상황 파악을 하시고 정신 줄을 놓으셨나 보다. 아침부터 왜 이러실까?'

아버지는 사진 촬영을 다 끝내시고 이렇게 말씀하셨다.

"호성아! 너 안 죽는다. 넌 반드시 산다. 얼른 살아나서 이것 가지고 하나님이 살아 계심을 간증해 다오."

지금 와서 생각해도 잘 모르겠다. 그때 왜 아버지가 기념 촬영을 하시고 나서 신유의 선포를 하셨는지, 황당한 설정 자체를. 그런데 아버지의 확신에 찬 선언은 정말 실현되었다. 기적이 일어났다. 이 선언 뒤에 바로 몸이 급격히 좋아지기 시작했다. 고름이 줄어들기 시작했다. 악취도 나지 않았다. 노란색에서 맑고 투명한 액체로 변화되었다. 염증은 줄어들었고 몸도 스스로 치유되는 속도를 느꼈다. 의사도 놀랐다.

"정말 기적이네?"

"낫고 있나요?"

"낫는 정도가 아니라 회복 속도가 엄청 빨라요."

옆구리 구멍에 새살이 돋아나기 시작하면서 튜브가 살에 달라붙기 시작했다. 의사가 와서 붙지 말라고 좌우로 무자비하게 흔들어 댔다.

"어이쿠, 사람 죽네!"

사람 죽는다는 소리도 살 만할 때 난다는 걸 그때 처음 알았다. 죽겠네 죽겠네 하는 사람은 아직 살 만한 거다. 진짜 죽을 사람은 죽겠단 신음조차 못 낸다. 그런데 아뿔싸, 넘어야 할 산이 하나 더 남아 있는지는 몰랐다. 치료의 마지막 단계는 옆구리에 박힌 튜브를 빼는 것이었다. 아침에 의사가 와서는 튜브를 오늘부터 뺀다고 말했다.

'오늘부터?'

하루에 빼는 게 아니란다. 나는 그냥 간단하게 빼면 되는 줄 알았다. 1미터 50센티미터 정도 되는 튜브를 옆구리에서 뺀다고 하기에 빼라고 했다. 하룻강아지 범 무서운 줄 모른다는 말이 꼭 나에게 해당되는 말인 줄은 첫날 튜브를 뽑고 나서야 알았다.

"자, 이제 뺍니다."

의사가 순식간에 튜브를 잡아당기는데,

"아아아악!"

말이 떨어지기가 무섭게 갑자기 옆구리가 통째로 잘려 나가는 느낌이 들었다. 아니, 창자가 몽땅 빠져나가는 느낌이었다. 그 통증은 어디에 비할 수 없었다. 신음 소리도 나오지 않았다. 출산의 고통이 여기에 비할 수 있을까? 애를 안 낳아 봐서 잘 모르겠지만, 차라리 애를 낳는 게 나을까 싶었다. 통증은 쇼크를 동반했다. 정신을 잃었다.

50센티미터 정도를 처음에 뽑았다고 했다. 살이 회복되는 속도가 빨라지자 튜브와 엉겨 붙어 쉽게 빠지지 않았다. 하루에 2, 3센티미터씩 뽑아내기 시작했다. 아침마다 의사가 튜브를 뽑으러 올 때마다 쇼크 상태에 빠졌다. 그렇게 한 달 넘게 했으니 차라리 죽는 게 더 낫다 싶을 정도였다. 나는 아픈 걸 잘 참기로 유명한 사람 중 하나다. 맹장이 터졌을 때도 견디며 내 발로 병원에 온 사람이다. 하지만 이번 고통은 견딜 수가 없었다.

그때 기억이 뚜렷하게 잘 나지 않는다. 시간 순서도 뒤죽박죽이다.

의사가 그러는데, 너무 심한 고통을 당했을 때는 기억을 스스로 지우려고 한단다. 단기 기억상실이 내게 생겨서 그럴 수 있다고 했다. 지금도 생각만 하면 끔찍하다. 그래서 나는 병원에 심방 가면 그 누구보다도 환자의 고통을 잘 안다.

한참 지나서 원인 불명이었던 나의 병명이 나왔다. 거의 다 낫고 나서 병명이 나오니 참으로 허탈했다. 개복 수술을 했던 의사는 장 상태를 보고 처음에는 대장암 말기라고 생각했다고 한다. 하지만 대장암이 아니라 '장결핵'이었다. 결핵균이 장 전체를 갉아 먹어 생긴 병이었다. 연세가 지긋하신 의사분이셨는데 자기가 젊을 때 장결핵 환자를 딱 한 번 보고 30년 만에 처음 봤다고 할 정도로 흔한 병은 아니었다고 했다.

"요즘엔 후진국에서나 볼 수 있는 병인데 말이죠, 허 참."

"그럼 다 나은 건가요?"

"약을 꾸준히 복용해야 합니다. 잘만 먹으면 완치됩니다."

튜브를 다 뽑고 며칠 뒤 완전히 회복을 하고 나서 퇴원했다. 나의 기나긴 첫 투병 생활은 이렇게 끝이 났다. 주님을 떠나 멀리 살아왔던 탕자 같은 내 삶에 대한 하나님의 경고였다. 영국 유학 생활도 끝이 났고, 건강이 회복되자마자 곧바로 학교로 복학했다. 유학 경험이 있다 보니 청주대 유학센터장으로 취업이 되었다. 나는 유학 상담을 해 주거나 관련 서류를 작성해 주는 아르바이트도 하면서 즐거운 시간을 보냈다. 하지만 2001년 3월 20일은 영원히 잊을 수 없을 것 같다. 왜냐하면 그날은 내가 첫 수술한 날이자 내 평생 가장 고통스럽고 힘들었던 시간이기 때문이다.

두 번째 수술
아직도 내 양을 칠 목자가 부족하다

 화장실 갈 때 마음 다르고 올 때 마음 다르다고 '주님! 살려만 주신다면 주의 종이 되겠나이다' 이런 고백은 뒤로 한 채 난 두 번째 유학지인 일본으로 갔다. 누나가 마침 일본에서 석사 과정 중이어서 많은 도움을 받았다. 매형의 할머님이 일본에 맨션을 가지고 계셔서 살인적인 일본의 주거비 걱정 없이 유학생활을 할 수 있었다. 월세를 내지 않으니 그 돈으로 어려운 유학생들을 도와주고 전도도 했다. 일본 유학 생활도 내게는 즐거움 자체였다. 나의 인간 친화적인 성격은 그곳에서도 많은 사람들을 순식간에 사귀게 해 주었다. 아르바이트도 쉽게 구했다. 일본에 파견 나와 있는 대기업 간부 자녀들을 과외하기도 했고, 학교에 다니면서 외국에서 일본으로 온 기업체 간부를 우리나라 기업과 연결해 주기도 했다. 사람을 좋아하다 보니 쉽게 사람들과 친해질 수 있었고 많은 사람들과 사귀면서 국제적인 인물이 되었다. 기업체에서는 요직에 추천해 주기도 해서 대기업에 취업도 곧바로 가능했다.

일본 유학 중에 다니던 오사카 한인교회에서의 신앙생활은 나의 삶에 있어서 가장 아름답고도 행복한 순간이었다. 24시간 찬양을 이어폰을 통해 들었다.

'사랑합니다 나의 예수님
사랑합니다 아주 많이요
사랑합니다 나의 예수님
사랑합니다 그것뿐이에요'

들어도 들어도 찬양이 아름다웠다. 은혜에 흠뻑 빠졌다는 표현이 맞을 것이다. 생전 처음 영적인 깊은 은혜를 받았다.

그동안 목사의 아들이란 굴레 속에서 누군가를 의식하며 신앙생활을 했었다. 하지만 일본에서 출석했던 교회는 그 누구도 의식하지 않고 오직 하나님만을 바라보며 예배를 드렸다. 사람들은 내가 목사의 아들인지 몰랐다. 관심도 없었다. 그저 유학생 중 하나일 뿐이었다. 교회를 향하는 발걸음이 가볍고 즐거웠다. 예수 믿는 생활이 꿈만 같았다. 예배 시간이 기다려지고, 예배 시간이 돌아오기를 간절히 사모했다. 예배 시간은 부흥회 축제와도 같았다.

밤이 되면 잠이 잘 오지를 않았다. 새벽 3시쯤 되면 잠이 깼다. 새벽 예배 갈 생각에 들떠 있었기 때문이다. 3시쯤 일어나서 샤워를 하고 찬양하고 있다가 사찰집사님이 문을 열기도 전에 자전거를 타고 4시쯤에 교회로 갔다. 문이 열려 있지 않은 교회 앞에서 문이 열리기만을 기다렸다. 한참을 기다리다 보면 사찰집사님이 깜짝 놀라며 문을 열어 주셨다. 교회 안에 들어가면 천국에 들어가는 느낌이었다. 교회에서도 요셉회라는 청년회의 회장을 맡아서 섬겼다. 월세가 나가는 것이 없으니 그 돈을 전도하고 선교하는 데 다 썼다. 요셉회도 날로 부흥하고 강성해져 갔다. 찬양단도 만들어 찬양을 하며 즐거운 나날을 보냈다. 예수를 믿는다는 게 이렇게 행복한 줄은 그때 처음 알았다.

하지만 승승장구했던 일본 유학 생활은 종착역으로 달려가고 있었다. 배가 다시 슬슬 아파 오기 시작했다. 순간적으로 느낌이 왔다.

'이 느낌, 이 통증은?'

그렇다. 2년 전 수술을 받았던 그날이 기억났다. 나는 직감했다.

'올 것이 왔구나!'

첫 번째 수술 때 하나님께 주의 종이 되겠다고 했던 서원을 지키지 못한 것 때문이다.

정확히 2년 뒤였다. 2003년 3월 20일 두 번째 수술을 해야 했다. 내 발로 걸어 들어가 수술 절차를 밟았다.

"엄마, 배가 너무 아파서 또 수술해야 된대요."

"아들! 어떡하냐?"

"엄마, 지금도 배가 너무 아파요."

"우리 아들 많이 아파?"

어머니는 발을 동동 굴리며 우셨다. 그때는 목회도 바쁘셨다. 일본에 오실 수 있는 형편이 아니었다. 설상가상으로 그때는 마침 누나가 결혼 준비로 일본을 떠나 있었다. 아무도 없었다.

일본은 웬만해서는 전신마취를 하지 않고 수술을 한다. 개복수술인데도 국소마취로 수술을 진행한다고 했다. 수술 전에 여러 가지 검사를 했지만 역시 원인을 알 수가 없었다.

"거참 이상하네? 원인을 알 수가 없군."

원인을 알 수 없으니 치료도 제대로 못 하고 있었다. 계속해서 염증 수치만 올라가니 결국 개복하기로 했다. 지난번에는 장결핵이었지만 이번에는 어떠한 결과도 나오지 않았다. 덩그러니 얼굴 아래로 커튼을 치고 수술을 시작했다. 한마디로 산 채로 수술을 시작한 것이다. 일본 말도 잘 통하지 않았지만 자기들끼리 뭐라고 했다. 국소마취를 하고는 배를 찔러 본다.

"안 상! 느낌이 오나요?"

"아야! 왜 찔러요?"

갸우뚱하더니 마취약을 더 주사했다.

"안 상, 느낌이 아직도 와요?"

"아, 아야!"

"이상한데요, 아무런 느낌이 없어야 하는데 말이죠."

허 참, 개복수술을 국소마취로 시도하는 일본의 수술력에 혀를 내

두르지 않을 수 없었다. 마취가 전혀 안 됐다. 세 번 정도 더 주사하더니 이대로는 안 되겠다고 말하는 것 같았다. 내 몸은 마취가 잘 받지 않는 체질인 것 같았다.

"느낌이 전혀 없는 건 아니지만 이 정도 주사했으니 아프지는 않을 테니 이대로 수술을 진행할게요."

'???'

계속 시간을 지체하면 수술을 하다가 마취가 풀릴 수도 있다고 말했다. 대참사를 막기 위해 수술을 서둘렀다. 메스를 들고 칼을 긋는데 배에 느낌이 또렷하게 왔다.

"아야야! 으…."

그냥저냥 참을 만했다.

"안 상, 느낌이 완전히 없을 순 없어요 하지만 아프지는 않을 거예요."

배가 세 겹인가? 세 번을 긋는 느낌이 왔다. 그때까지는 참았다. 견뎠다. 근데 좌우로 벌리는 느낌이 들더니 갑자기 배가 쏟아져 내리는 것 같았다.

"으아아, 으아아악!"

수술하던 의사들이 더 놀랐다. 통증은 심각했다. 뭐라고 허겁지겁 소리가 나더니 그 뒤로는 기억이 없다. 전신마취를 뒤늦게 하고 수술을 시작한 것이다. 어차피 전신마취할 걸 간은 왜 봤을까? 고생은 고생대로 하고 그렇게 수술을 받았다. 수술이 끝나고 나서 의식이 돌아왔다. 옆구리부터 확인했다. 반갑지 않은 손님이 떡하니 자리 잡고 있었다. 튜브였다.

병상에 누워 회개하며 기도를 하는데 하나님의 음성이 들려왔다. 귀로 들리는 음성이 아니었다. 머릿속으로 뚜렷하게 들리는 음성이었다.

"아직도 내 양을 칠 목자가 부족하다!"

"주님, 한국 교회에 교회가 5만 개가 넘는다는데 목자가 부족하다니요?"

두 번째도 뚜렷이 들렸다.

"아직도 내 양을 칠 목자가 부족하다!"

"그럼 제가 확신이 드는 비전을 보여 주세요. 그러면 제가 주의 종의 길을 가겠나이다."

그때 하나님께서 3가지 비전을 내게 보여 주셨다.

첫째, "교단의 벽을 허물라!"
둘째, "한국 교회의 희망의 불씨가 돼라!"
셋째, "상처 입은 성도들을 치유하는 교회가 돼라!"

주님의 명령과 비전은 너무나도 확실했다. 나는 내 계획을 모두 포기하지 않을 수 없었다. 귀국하면 들어가려고 했던 대기업 취업도, 나름대로 가졌던 인생의 계획도 모두 정리했다.

기도가 끝나자 갑자기 개복수술을 했던 옆구리에 익숙한 튜브가 보였다. 튜브에 달라붙은 거즈를 본 순간 소름이 오싹했다. 튜브를 뽑을 때의 통증이 다시 물밀듯 밀려왔다.

'제… 제발….'

이번에도 배에는 염증이 가득했고 원인은 알 수가 없었다. 항생제 때문에 차도가 있었는지 상태는 급격히 좋아졌다. 주의 종이 되겠습니다, 하고 하나님께 약속했기에 회복이 더 빨랐을 것이다. 드디어 튜브를 뽑는 날이 다가왔다.

"안 상, 내일 아침에 튜브를 뽑을게요."

그 소리를 듣는 순간 쇼크가 왔다. 기억이 잘 안 난다. 안 당해 본 사람은 모른다. 밤새도록 기도했다.

'주님, 제가 왜? 제가 왜 또!'

다음 날 아침이 되었다. 그런데 의사가 튜브를 안 뽑는 거다. 이상했다. 왜 안 뽑지? 그다음 날도 안 뽑았다. 참 이상한 일이었다. 이렇게 사흘이 지나자 미치고 환장할 지경이었다. 견디다 못해 내가 물어봤다.

"왜 아직 튜브를 안 뽑습니까?"

"안 상, 사흘 전에 아침에 와서 다 뽑았잖아요?"

"네? 벌써 뽑았다고요?"

그렇다. 하나님께서는 나의 고통을 아시고 내가 알지도 못하는 순간에 튜브를 고통 없이 제거해 주신 것이다. 공포의 튜브 뽑기는 그렇게 끝났다.

병원 측에서는 원인을 알 수 없는 매우 희귀한 경우라면서 조직 검사를 한다며 수술로 잘라 낸 부위를 기증해 달라고 요청했다. 그렇게 하라고 했다. 퇴원 수속을 밟고 주섬주섬 옷을 챙기면서 신학교를 결정해야 했다.

'주님, 교단의 벽을 깨라고 하셨는데 어느 신학교로 가야 합니까?'

나는 전통적인 감리교에서 자랐고, 아버지는 감리교 목사다. 감리교에서 목회를 할 수도 있었지만 교단의 벽을 깨라는 주님의 말씀 때문에 분명 감리교는 아닌 것 같았다. 여러 가지 생각들이 머릿속을 맴돌았다.

하나님이 주신 비전 세 가지

퇴원을 한 후 이제 더는 빼도 박도 할 수 없어 병상에서 기도 중에 하나님이 주신 비전 세 가지를 곰곰이 다시 한 번 묵상하였다.

첫째, 교단의 벽을 허물라.

둘째, 한국 교회의 희망의 불씨가 돼라.

셋째, 상처 입은 성도를 치유하는 교회가 돼라.

교단의 벽을 허물라

요한 웨슬레가 어느 깊은 밤에 꿈을 꾸었다. 그는 하늘로 들려 올려졌고 천국 문 앞에 이르렀다. 그가 물었다.

"여기에 감리교인이 있습니까?"

"한 사람도 없다."

그는 크게 실망하여 다시 물었다.

"그럼 장로교인은요?"

"단 한 사람도 없다."

"정말입니까? 성공회교인도 없습니까?"

"여기에 그런 교인은 전혀 없다."

그는 기독교에 속한 교인이 한 사람도 없다는 소리에 크게 낙담하였다.

"그렇다면 기독교를 믿는 각 교파에 속한 신자들은 구원을 받을 수 없단 말인가요?"

"이곳에는 교파가 없다. 오직 그리스도인들만이 들어올 뿐이다."

우리나라는 교파의 벽이 너무나도 크다. 미국 같은 경우는 침례교가 많지만 감리교, 오순절, 순복음, 장로교, 성공회 등 많은 교파들이 크게 대립하거나 갈등하지 않고 공존한다. 하지만 우리나라의 경우는 그렇지 않은 듯싶다. 일부 장로교는 장자교단이라고 스스로 칭하기도 하고, 감리교 또한 큰 교세를 가지고 있음을 은연중에 말한다. 오죽하면 장로교 선교사 언더우드와 감리교 선교사 아펜젤러가 인천항에 들어온 해를 한국기독교 선교의 시작으로 보고 1984년에 한국기독교 100주년 기념행사를 치렀을 정도일까. 우리나라에 처음 기독교가 들어온 해가 1884년이 아님을 모두가 알지만 암묵적으로 동조한다. 서서히 교세를 키운 후발주자 성결교는 장로교, 감리교와 함께 성결교를 넣은 '장감성'이란 단어를 사용하면서 우리나라 3대 교단으로 자리매김하기를 힘썼다. 하지만 교세가 작은 루터교, 구세군, 성공회, 순복음교단 등은 상대적으로 한국 교회에서 소외되었다.

교단 간판이 무엇이냐에 따라, 소위 브랜드 파워가 이미 우리나라 교회에 형성되어 있다. 오죽하면 장로교나 감리교 간판으로 바꿔 달고 싶다는 개척교회 목사들도 많다. 교회를 왔다가 떠나가는 교인들 중에 태반은 "교단이 달라서요."라며 떠나는 경우도 많기 때문이다.

하나님께서 왜 하필 내게 교파의 벽을 뛰어넘으라는 미션을 주셨을까? 그 이유를 아직까지는 정확하게 모르겠다. 교리화되고 교단화되어 화석화된 우리나라 교회에 신선한 충격을 주라고 하신 것은 아닐까? 교단의 벽을 넘지 않고서는 우리나라가 복음화되지 않음을 말씀하시는 듯하다. 교파주의를 깨기 위해 우선 나는 감리교를 떠나야 했다. 감리교 목사셨던 아버지는 내게 물으셨다.

"그것이 하나님의 뜻이냐?"

"네, 아버지."

"그럼 가라!"

우리 아버지는 하나님 뜻이라면 100퍼센트 순종하신다. 그래서 큰 갈등이 없다. 기득권을 포기하는 것은 쉽지 않은 일이다. 하지만 그때 나는 그것이 뭔지도 사실 잘 몰랐다. 목회를 해 본 적도 없고 목회자의 세계가 어떤 것인지 교단의 후광이 얼마나 든든하고 강력한 것인지 몰랐다. 만약 알았으면 고민했겠지만 아무것도 몰랐던 내게 포기는 어렵지 않았다. 모든 것을 알고 계시던 아버지의 질문에 그저 나는 하나님의 뜻이라 대답할 수밖에 없었다.

내가 선택한 교단은 순복음이었다.「제자입니까」로 우리나라에서 널리 알려진 후안 까를로스 오르띠즈 목사님이 쓴 책을 읽은 적이 있다. 그 책을 읽으면 예배를 드리는데 갑자기 죄가 생각나서 예배 중에 회개를 드렸다는 이야기가 나온다. 어린 시절 오르띠즈 목사님 동네에서 순복음교인들에게 돌을 던지며 조롱하고 비방하던 기억을 떠올리며 회개한 이야기다. 순복음교인들은 단지 시끄럽다는 이유로, 믿는 모습이 경건해 보이지 않는다는 이유로 핍박을 당했다.

나도 후안 까를로스 오르띠즈 목사님 고백처럼 순복음의 원색적인 성령운동에 거부감과 편견의 돌을 던지고 있었음을 느끼고 통회하며 하나님께 부르짖어 간청했다.

"하나님, 저를 순복음교회에 보내 주시면 평생을 회개하는 마음으로 교단의 편견을 깨고, 성령운동을 전파하는 데 목숨을 걸겠습니다"

지금은 교회가 급성장하다 보니 장로교, 감리교, 성결교 교단에 속했던 교인들도 우리 교회에 오기도 한다. 그러고는 교단색 짙은 질문들을 쏟아 낸다.

"목사님, 신앙의 컬러가 다른데 좀 바꿀 순 없나요?"

"조용하게 예배드릴 순 없나요?"

"설교는 맘에 드는데 예배 순서를 좀 바꿀 순 없을까요?"

내 대답은 단순하다. 딱히 이런 분들에게 별다르게 드릴 말씀도 없다. 그저 교회는 예배를 드리는 곳이지, 살아 계신 하나님을 만나는 곳이지, 자신의 신앙 코드에 맞춰 주는 곳이 아니란 말씀만 드린다. 교단의 벽을 허무는 나의 사역이 시작된 셈이다. 교파를 초월해 어느 곳이든 말씀을 전할 수 있는 곳이면 달려간다. 하나님께서 내게 소원하신 첫 번째 비전을 이루기 위해서이다.

한국 교회의 희망의 불씨가 돼라

비공식 통계지만 1년에 열 교회가 개척을 하면 열두 교회가 문을 닫는다는 말이 있다. 개척 실패율이 100퍼센트를 넘어 120퍼센트에 달했다는 소리다. 1년 전에 먼저 개척한 교회까지 두 교회가 더 합쳐서 문을 닫는다는 말이다. 한국 교회가 마이너스 성장을 거듭한 것은 이미 많은 교회들이 체감하는 바이다.

2005년은 여러모로 기독교에 있어서 충격적인 한 해였다. 통계청 자료를 보면 1985년 한국 교회 100주년을 기념하며 기독교인의 수는 648만 명까지 급성장했다. 10년 뒤 1995년에는 875만 명으로 성장세는 가속화되었다. 그러나 정확히 또 10년 뒤 2005년 인구총조사에서 기독교인은 861만 명으로 감소했다. 정확한 감소 숫자는 14만 4000명이다. 많이 본 숫자 아닌가? 어느 선교사님은 하나님의 한국 교회를 향한 경고라고 말하기도 했다. 분명한 것은 성도의 수가 감소했다는 사실이다. 한국기독교 선교 역사상 성장이 감소했던 기록은 없었다. 마이너스 성장을 2005년에 처음으로 경험한 것이다. 우리 교회는 2004년에 개척했다. 마이너스 성장으로 들어가기 직전에 개척한 셈이다. 하나님의 섭리가 느껴지는 해이다.

많은 분들은 내가 개척의 막차를 탔다고 했다. 도시에서는 승산이 아예 없으니 시골에서 전원교회 콘셉트로 차별화를 시도한다고도 했다. 하지만 우리 교회에 직접 와서 보신 분들은 하나같이 경악을 했다. 찾기도 어려운 농촌의 주택가에 나지막히 지어진 숨은그림찾기 같은 교회. 교회 안으로 들어오면 두 번 놀랐다. 길이가 다 달라 삐뚤빼뚤 도무지 맞지 않는 장의자들이 길게 자리 잡고 있으니 말이다. 주워다 놓은 허름한 강대상은 놀라움의 화룡정점이었다. "이건 뭐 딱히 농어촌교회도 아니고 전원교회도 아니고, 딱 사과궤짝 엎어놓고 개척하던 60년대 스타일이네."라며 혀를 차기도 하였다.

2005년 기독교인의 인구 비율은 18퍼센트였다. 1200만 명을 자랑한다던 기독교 인구의 허수가 만천하에 공개된 해였다. 같은 해 한미준에서 한국갤럽에 의뢰해서 조사한 결과는 21.6퍼센트, 약 1050만 명이었다. 만 18세 이상 전국 기독교인과 비기독교인을 각각 1000명씩 나눠 조사한 것이라 오차가 많이 남을 볼 수 있다. 오히려 한미준에서는 7년 전 조사한 1998년에 비해 기독교 인구가 0.9퍼센트 증가했다고 보고하고 있다. 하지만 사실상 1퍼센트 안 되는 수는 출산도 안 했다는 이야기로 마이너스 성장했다는 말과 같다.

3년마다 한국 대학생의 의식과 생활을 조사했던 학원복음화 협의회(학복협)에서 지난 2012년 대학생을 상대로 1000명을 조사한 바에 따르면 기독교 신자의 감소 원인을 '기득권층 옹호, 교회 세습, 비리 연루 등 이미지 실추 때문(61.6%)'으로 보았다. 갈수록 기독교의 이미

지는 실추되고 있으며 교회 내부에서도, 외부에서도 교회를 비판하는 목소리는 커져만 가고 있는 현실이다. 하지만 이미지 실추가 정말 기독교 감소의 원인일까?

병상에 누워 신음할 때에 하나님께서 쩌렁쩌렁하게 내 심령에 깊게 각인하여 주신 메시지는 다름이 아닌 주님의 음성이었다.

"한국 교회의 희망의 불씨가 돼라!"

"나 같은 게 어떻게 희망의 불씨가 될 수 있을까요, 주님? 내로라하는 신학생들과 실력 있는 해외 유학파 박사님들도 많은데 제가 무슨 일을 할 수 있을까요?"

"아직도 내 양을 칠 목자가 부족하다."

사실 나는 소위 내놓을 만한 스펙도 없다. 지방 국립대를 나왔고, 학부는 모양만 나는 정치외교학이었다. 영국 런던과 일본 오사카의 유학은 인정할 만한 학위 하나 취득하지 못한 어학연수에 불과했다. 그리고 신학대학원에서 목회학 석사 과정을 한 게 전부다. 딸랑 신학 공부 3년 한 게 전부다. 그것도 개척을 하면서 서울과 울산을 오르내리며 시간을 쪼개 가면서 공부한 게 다였다.

하지만 하나님의 말씀을 읽으면 주님의 음성이 들려왔고, 주님의 마음까지도 내 심장에 전이되었다. 눈물이 났고, 주님의 심령을 전하지 않으면 잠도 오지 않았다. 내가 할 수 있는 것은 주님의 말씀을 전하는 것뿐이었다.

'그렇다. 내가 할 수 있는 것은 예배다. 말씀이다.'

아버지께서 목회를 하시는 것을 보고는 자라 왔지만 겉만 봤지, 크게 관심도 없었고, 관심 갖고 싶지도 않았다. 목회를 어떻게 하는지도 잘 몰랐다. 교회의 조직과 행정, 운영을 어떻게 해야 할지도 잘 모르는 햇병아리 목회자였다. 하지만 다른 건 잘 몰랐지만 내가 확실히 알고 있던 건 단 하나였다.

'빨리, 하나님의 말씀을 전해야겠다!'

아기를 출산한 엄마는 젖을 먹이지 않으면 젖이 땡땡 불어 터질 지경이 된다. 젖을 끊은 뒤 엄마들이 심하게 젖이 불어 고생하는 것을 잘 알고 있다. 앞에서도 살짝 언급했지만 개척을 하고 나서 말씀은 계속 준비했다. 교회도 짓고 개척도 했는데 설교를 들을 성도가 없었다. 교회당 끝에 달린 문만 바라보면서 기도했다.

'문이 열려서 제발 사람이 들어와 앉아라!'

정말 가슴이 아프고 아팠다. 양 떼가 없는 목자의 심정을 누가 알까? 하나님께서 희망의 불씨가 되라고 했는데 좀처럼 문은 열리지 않았다.

"주님, 개척은 했는데 낭떠러지네요. 희망의 불씨는커녕 내 코가 석 자네요."

개척 후 4년간은 생존과 믿음의 전쟁이었다. 누구에게 찾아가 아쉬운 소리를 하는 성격도 아니었고, 가족에게조차 물질적인 어려움을 이야기하지 않았다. 오직 하나님만을 바라보며 믿음으로 나아갔다. 무모하고 무식하고 미련해 보이는 나의 믿음을 하나님께서는 바라보셨다. 그리고 과연 희망의 불씨로 타오르게 하셨다.

성도를 치유하는 교회가 돼라

요즘 힐링 열풍이 분다. 여기저기 힐링이라는 단어가 붙지 않으면 대화가 되지 않을 정도다. 우리나라 말도 아닌데 힐링이란 단어는 우리나라 말처럼 되었다. TV에서는 힐링이란 단어가 붙은 프로그램까지 생겼다. 많은 사람들은 힐링을 입에 달고 살고 있다.

지금 이 시대는 힐링이 넘치는 시대다. 내가 두 번째 수술을 받고 병상에 누워 있을 때에 기도 중에 하나님이 주셨던 세 번째 비전은 힐링 처치였다. 그 당시에는 힐링이란 단어도 생소했다. 하지만 지금은 힐링이 대세인 시대가 되었다. 하나님께서 먼저 그때 내게 힐링 처치를 세울 것을 말씀하셨다. 전혀 알지도 못한 말씀의 원 뜻을 그 당시에는 잘 몰랐다. 그저 주님께서 치유하는 교회를 세울 것을 말씀하셨고 이제 그 말씀의 뜻대로 한국 교회를 향해 치유의 메시지를 전하고 있다.

하나님의 은혜로 여기저기 이름이 조금씩 알려지더니, 2012년을 기점으로 나를 부르는 교회들이 많이 생겼다. 몇 명이 모이는지, 규모가 얼마나 큰지 내게 관심이 없었다. 그저 나를 불러 준다면 치유의 메시지, 희망의 메시지를 전하기 위해 달려갔다.

나는 자비량 집회도 마다하지 않는다. 충주에 있던 한 교회에 갔더니 성도가 목사님까지 다 합해도 열 명 남짓이었다. 여섯 명을 바라보면서 일당 천이란 생각을 하며 증거했다. 5000명 앉혀 놓고 하는 것처럼 말씀을 증거했다. 나는 이상하게도 사람이 적으면 적을수록 시너지 효과가 생긴다. 오히려 작은 교회에서 증거하면 하나님께서 더 많은 은혜를 부어 주셨다.

사역은 반복이다. 그렇다, 예수님도 이스라엘 전체를 3년여 동안 쉬지 않고 이미 다녀가셨던 곳도 다시 가셨다. 나 역시 충주에 있는 교회를 몇 개월 뒤에 다시 갔다. 그랬는데 성도가 놀랍게도 80여 명으로 늘어 있는 것이었다. 더욱 중요한 것은 성도들의 눈빛, 마음가짐, 태도가 바뀌었다는 데 있다.

큰 교회에서도 말씀을 증거하면 폭발적인 부흥이 일어난다. 1000여 명이 모이던 교회에 부흥강사로 말씀을 세 시간 넘게 증거한 일이 있었다. 그때 은혜받은 성도들이 다음 주에 1000명이 넘는 사람들을 전도해 왔다는 소식을 들었다. 막상 설교 시간에 은혜를 받아도 행동으로까지 옮기는 일은 쉽지 않다. 전도는 특히 더하다. 그런데 성도들이 전도를 했다! 우리 교회 성도도 아니었는데도 말이다. 하나님께서는 여러 모양으로 나를 사용하심을 분명히 느끼지 않을 수 없다.

약간은 미안하지만 우리 교회 성도들에게 강조하는 것이 있다. 내가 받은 사명이니 여러분들은 방해하지 말고, 더 잘할 수 있게 기도해 주고 축복해 주기를 바란다고. 성도들은 모두 함께 기뻐하며 동역한다. 그것이 우리 울산온양순복음교회의 세 번째 비전이며 사명이기 때문이다.

전도! 이렇게 하라

교회도 전도할 때만 교회이다

이제부터 본격적으로 전도 이야기를 하려고 한다. 요즘 성도들에게는 잃어버린 힘이 있다. 동물원 우리에 갇힌 사자처럼 야성을 완전히 잃어버린 듯하다. 삼손의 잃어버린 힘, 그것을 성도들은 반드시 되찾아야 한다.

그 방법은 무엇일까? 그렇게 되려면 어떻게 해야 할까? 그것은 바로 전도하는 것이다. 그리스도인이 힘을 회복할 수 있는 가장 빠른 지름길은 전도하는 것이다.

1월이 지나고 2월에 접어들어 명절이 다가오면 교회들은 침체한다. 작심삼일이라고 작당했던 1월 초가 지나가고, 날씨도 몹시 춥다. 사람들은 주일날 집에서 TV나 보지 교회까지 나오려 하지 않는다. 설 명절

때가 되면 정점을 찍는다. 지방에 내려가고 이래저래 주일 예배를 빠진다. 내려가서도 예배를 잘 드리면 전국적으로 교회가 줄지 않을 텐데, 그렇지 않은 듯하다.

나는 체질적으로 지는 걸 싫어한다. 운동도 그렇다. 장난으로 임하지 않는다. 올림픽 정신은 참석하는 데 의의가 있다지만, 그건 올림픽 금메달이 주는 파워를 모르는 사람들이 하는 소리고, 나는 금메달을 원한다!

장거리 경기에서 이기는 방법이 뭘까? 남들이 지쳐서 살살 뛸 때 죽기 살기로 뛰다 보면 결국 따라잡기 마련이다. 다들 지쳐서 천천히 뛸 때, 나는 옥죄어 달린다. 교회가 침체했을 때, 바로 지금이야말로 전도할 타이밍이다! 전도에는 힘이 있다. 능력이 있다.

왜 전도해야 할까? 전도는 나를 살리는 힘이 되기 때문이다. 하나님께서는 전도의 생명력으로 우리를 살리신다. 전도하면 영이 살아난다.

"내 코가 석 자입니다."

"신앙의 영적 침체에 빠져 허덕이는데 누구를 구하러 갑니까?"

"예배도 참석하기 힘든데 전도까지 하라굽쇼?"

"전도를 해 보기나 하고 하라시는 건가요?"

"지금 시대엔 전도가 안 됩니다."

전도하지 않는 신자들의 변명은 얼핏 들으면 너무나도 합당해 보인다.

어느 산길을 걸어가던 나그네가 있었다. 겨울인지라 눈이 쏟아지기 시작했다. 해가 지기 전까지 산을 넘지 않으면 죽게 생겼다. 그래서 힘을 다해서 산꼭대기를 향해 바삐 걸어갔다. 그런데 산 중턱에 사람이 쓰러져 있는 것이 아닌가? 발목을 다친 그 사람은 오갈 데도 없이 산 중에서 신음하였다.

"제…제발 나를 도와주세요!"

'어떡하지? 혼자도 힘든데, 같이 가면 둘 다 죽을 텐데?'

모른척하고 그냥 지나쳤다. 얼마 뒤에 그 자리에 다른 나그네가 쓰러진 그를 발견했다.

'이대로 놔두면 이 사람은 죽을 텐데!'

"제 등에 업히세요!"

"고…고맙습니다."

죽을힘을 다해 그 사람을 업고는 정상을 향해 올라갔다. 땀이 비 오듯 했다. 등에 업힌 사람의 체온이 전해져 언 몸이 다 녹았다. 정상을 지나 내리막길을 가는데 웬 얼어서 쓰러져 죽은 사람이 있었다. 먼저 혼자 간 사람이었다. 유명한 선다 씽의 이야기이다.

전도하면 내 영이 산다. 예수님의 마음이 느껴진다. 목사의 마음을 이해하게 된다. 바닷물은 얼지 않는다. 그러나 강물은 아무리 덩치가 커도 언다. 그런데 바닷물이 얼 때가 있다. 바닷물을 따로 퍼 놓았을 때이다. 바닷물을 끌어다 쓰는 해수탕 파이프는 언다고 한다. 바다를 나온 바닷물은 더 이상 바닷물이 아니다. 거대한 바닷물에 속해 있을 때만 바닷물은 얼지 않는다. 성도들은 모여 있어야 얼지 않는다. 흩어져 버리면 힘도 없고, 나약하게 휩쓸리고 만다. 하지만 전도한 사람들이 충만하면 교회는 결코 얼지 않는다. 전도한 사람들이 충만한 교회를 부흥하는 교회라고 한다.

이탈리아 해상에서 코스타 콩코르디아호가 침몰했다. 선장은 적절한 조치도 취하지 않고 도망갔다. 수십 명이 죽고 실종됐다.

"목사가 배의 선장과 같은데, 영혼 구원에 관심이 없다면 교회는 죽는다."

우리 교회도 2012년 교회가 더 이상 성장하지 않고 침체되고 있었다. 재정도 안정되고 플러스 재정이 되었다. 설교해도 성도들이 꽉 차 앉아 풍성해 보였다. 교회 분위기도 좋았다. 가족 같은 분위기 속에서 어찌 보면 '우리만으로 딱 좋다' 할 시기였다. 하지만 목사로서 큰 위기감을 느꼈다.

'이러다가는 다 죽는다!'

설교 중에 하나님께서 내게 강권하셨다.

"모든 팀 리더들은 다음 주까지 각 팀당 다섯 명씩 전도해 오세요."

"목사님, 왜 갑자기?"

"나도 전도해 오겠습니다! 내가 다음 주까지 다섯 명 전도 못 해 오면 목회를 그만두겠습니다!"

이렇게 주일 예배 시간에 설교하며 선포했다. 그리고 그 자리에서 모두 약속했다. 그런데 놀랍게도 다음 주에 모두 약속을 지켰다. 너무나도 감격적인 순간이었다. 앉을 자리가 모자랄 지경이었다. 접이의자를 가져다가 통로에 놓았는데도 다 앉지 못할 지경이 되었다. 순식간에 교회가 두 배로 부흥되었다. 전도의 능력을 뼛속 깊이 체험한 순간이었다.

전도는 나를 살리는 힘이 된다. 교회를 살리는 능력이 된다. 전도는 나를 영화롭게 하는 힘이 된다. 빌립보서 4장 1절에 사도바울은 자신의 면류관을 빌립보교회의 성도들이라고 말한다. 전도는 어둠을 몰아내는 힘이 있다. 어둠은 빛을 뒤덮지 못한다. 빛 자체는 어둠과 게임이 안 되도록 설계되어 있다. 빛은 어둠과 싸우는 것이 아니다. 빛이 없으면 어둠이다. 빛이 있는 곳에는 어둠이 사라지는 것이다. 자그마한 촛불 하나가 방 안을 가득 밝히는 원리와 같다.

이 시대는 어둠이 강렬한 시대이다. 그러나 아무리 기세 좋은 어둠, 덩치 큰 어두움도 빛이 있으면 순식간에 없어지는 것이다. 울산온양순복음교회가 빛이 되면 어두움은 순식간에 사라진다. 절망이라는 어둠. 낙심이라는 어둠. 침체라는 어둠. '안 돼'라는 어둠. 좌절이라는 어둠. 순식간에 모두 사라지게 된다. 성도를 암울하게 만들었던 모든 어둠들은 순식간에 빛이 된다. 1970~1980년대는 폭발적인 부흥의 시대였다. 이단들이 힘을 가장 쓰지 못하던 때였다. 1992년 10월 28일 다미선교회가 휩쓸며 이단이 횡횡하기 시작했다. 지금은 온갖 이단들이 속이며 그리스도인들을 멸망의 길로 인도하고 있다. 이단이 흥왕하는 가장 큰 이유가 충격적이다. 그들도 전도한다. 그들은 우연을 필연으로 가장한 연기까지 하며 전도한다. 하물며 이단들은 거짓 진리에 목숨을 걸고 전도하는데 그리스도인이야말로 지금 다시금 전도해야 할 때가 아닌가!

'불은 타고 있을 때만 불이다. 교회도 전도할 때만 교회다.'

신학자 에밀 브루너가 한 말이다. 호주에는 파도가 높아 윈드 서퍼들의 천국인 해변이 있었다. 그러나 때로는 사고가 나서 젊은이들이 죽는 경우도 생겼다. 한 할아버지가 그 소식을 듣고 해안에 움막을 짓고 생명을 구하는 일에 전념했다. 이 소식을 한 호주 TV에서 보도했다.

"할아버지, 대단하세요."

"아니, 뭘요. 그저 할 일을 했을 뿐인데요."

"할아버지 최고!"

사람들은 할아버지를 칭찬하고 격려했다. 아낌없이 후원금을 보냈다. 나중엔 이 해안은 그 할아버지를 보러 가는 사람들이 더 많아질 정도였다. 아이러니하게도 할아버지는 더 이상 생명을 구조하는 일을 못 하게 됐다. 방문객들을 맞이하고 사진을 찍어 주고, 후원금 관리하고, 안내하는 일만 해도 너무 바빴기 때문이다.

교회가 본질을 잃어버리면 밖에 버려져 짓밟히게 된다. 생명을 구하는 전도의 일을 그만둔다면 교회는 생명을 다하는 것이다. 유람선 같은 교회가 되어서는 안 된다. 방주와 같은 교회가 되어야 한다.

지금도 기도한다. "하나님, 나를 보내소서! 유람선이 되면 내 손으로 교회 문을 닫겠습니다. 구조선으로 써 주소서! 나를 보내 주소서!"

전도는 하나님 아버지의 피맺힌 소원!

효(孝)란 무엇일까? 부모님이 기뻐하시는 일을 하는 것이 아닌가? 육적 아버지인 부모님에 대한 효도, 하나님의 말씀을 전해 주는 목사에 대한 효도, 하나님 아버지에 대한 효도가 필요하다.

우리가 생각하는 하나님은 어떤 분이신가? 우리 신앙의 많은 부분이 풀리지 않는 가장 큰 이유가 여기 있다. 하나님을 크게 오해하고 있기 때문이다. 나에게 하나님은 어떤 분이신가? 정답은 단순하다. 우리 신앙의 키워드는 바로 하나님을 아버지로 알고 믿고 섬기는 것이다.

"하나님은 나의 아버지이십니다."

육신의 아버지도 우리의 필요를 자기의 일처럼 진자리 마른자리 갈아 뉘시며 챙겨 주신다. 하물며 하나님 아버지는 더 좋은 것으로 아낌

없이 주시지 않겠는가?

하나님을 아버지라고 믿고 있다면 두 번째 질문이 있다.

"당신은 효자입니까?"

"당신은 효녀입니까?"

그런데 우리 신앙의 비극은 하나님을 필요할 때만 부른다는 데 있다. 내가 필요해 부르는 것이지, 하나님께서 간절히 원하시고 간절히 기대하시는지에 대해서는 아무런 관심이 없다.

우리 교회 본당에 들어오면 커다란 플랭 카드가 걸려 있다.

"전도는 하나님 아버지의 피맺힌 소원입니다!"

적어 가도 되냐고 묻는 목사님도 있다. "네, 얼마든지요!"

예수님께서 이 땅에 오신 가장 큰 목적은 전도였다. 자신을 배신하고 떠나간 탕자를 기다리는 아버지, 바로 하나님 아버지는 전도를 통해 큰 기쁨을 받으신다.

지금도 미아 찾기 광고를 보면 가슴이 저민다. 인터넷을 접속해도 배너 광고에 미아 찾기 광고가 뜬다. 잃어버린 아버지, 어머니는 얼마나 가슴이 아플까?

"친구야, 아들 잃어버린 지 2년 됐지? 내가 근사한 밥 살게!"

"내가 이번에 나온 신형 자동차를 사 줄게, 힘내!"

위로가 될까? 위로는커녕 더 속이 타고 상처가 될 것이다.

100살 된 노모의 소원은 세상 돌아가는 것을 보는 것이었다. 74살 된 아들 할아버지가 노모의 소원을 들어주기 위해 자전거에 수레를 매달아 3년에 걸쳐 중국 대륙을 종단했다. 「어머님과 함께한 900일간의 아름다운 소풍」이란 책에 나오는 이야기다.

효도는 이것저것 따지는 게 아니다. 부모님이 원하시는 것, 그것을 묵묵히 따르며 순종하는 것이다. 울산온양순복음교회는 모든 물질, 모든 축복, 모든 역량을 하나님의 피맺힌 소원을 들어 드리는 데 집중하기로 했다. 생각만 해도 눈물이 쏟아진다.

전도를 하려고 전도 대상자를 떠올리는데, 아무도 생각이 나지를 않았다. 일단 성도들 앞에서 큰소리를 쳤다.

"이번 주에 내가 전도해 올 테니 여러분들도 꼭 전도하세요!"

'하나님, 전도 대상자를 주세요, 그런데 아무도 없어요.'

한참 기도하는데 문뜩 얼마 전 우연히 만났던 다른 교회서 신앙생활 하다가 5년 넘게 교회를 다니지 않고 신앙생활을 중단한 한 집사님이 생각이 났다. 여기저기 수소문해서 그분의 전화번호를 알아내 전화를 걸었다.

"안녕하세요, 안호성 목사입니다."

"네, 목사님. 어떻게 저에게 전화를 다…."

"방황 그만 접고 교회 나오세요."

"네, 목사님. 언젠가는 다시 나갈 겁니다. 하지만 요즘 바쁜 일이 있어서 이번 달 말이나 시간 보고 한번 찾아 뵐께요"

"안돼요, 집사님. 이번 주에 무조건 나오셔야 돼요."

"……."

"집사님, 제가 이렇게 잘 알지도 못하는 집사님께 전화까지 하게 된 것은 결코 우연이 아니라 하나님의 뜻입니다. 하나님께서 너무나 간절히 당신을 기다리고 계십니다!"

"네, 목사님이 이렇게까지 말씀하시니 제가 이번 주에 나가지요"

그렇게 그는 우리 교회에 등록했다. 잃어버린 양을 찾은 것이다. 그리고 얼마 후 집사님 가정을 모두 전도해서 다시 교회로, 하나님 아버지 품으로 돌아오게 했고 잘 양육해서 원래 다니던 교회로 보내 드렸다.

우리 교회는 전도하지 않으면 임직시키지 않는다. 장로님, 권사님, 집사님 모두 전도하지 않으면 직분을 받을 수 없다.

"하나님을 사랑한다면 전도로 표현하라!"

포도원교회 김문훈 목사님이 뉴욕에서 열린 수십 교회 연합성회를 인도하러 가셨을 때 일이다. 그곳에서 만난 93세 할머니가 간증을 하셨다. 할머니는 16세 때 결혼을 했는데 마침 병이 걸렸다. 굿을 하고 병원을 가도 낫지를 않자, 건넛마을에 있는 예수를 믿어 보라고 하더란다. 가서 예수를 믿었더니 병이 깨끗이 나았다. 너무 기뻐서 마을로 돌아와 예수를 전했지만 사람들은 핍박하고 그녀를 마을에서 쫓아냈다. 하지만 이러한 핍박에도 굴하지 않고 그녀는 열심히 일해 마침내 옆 마을에 교회를 세웠는데 그 교회 출신이 바로 김문훈 목사님이시란다. 전도는 도미노 같은 효과가 있다. 축복은 더욱더 커진다. 그것은 전도가 하나님의 피맺힌 소원을 들어주시는 것이기 때문이다.

어느 목사님은 「우리의 소원은 통일」의 가사를 '전도'로 바꿔 부르신다.

'우리의 소원은 전도
꿈에도 소원은 전도
이 나라 살리는 전도
이 강산 살리는 전도'

부산 포도원교회서 열린 성령바람전도축제 컨퍼런스에 성도들과 함께 참석했다. 수많은 전도왕들이 나와서 간증하고 말씀을 증거하는데 너무도 가슴이 죄어 왔다.
'아버지, 저는 전도를 너무도 못 했습니다. 저 같은 불효자가 또 어디 있나요?'
그리고 한편으로는 분한 마음도 들었다.
'아니, 나보다 나을 것도 없어 보이는 저런 분들도 저렇게 전도했다고 신나서 간증하는데, 나는 뭔가? 내가 목사 맞는가?'
교회로 돌아와 설교 시간마다 하나님의 피맺힌 소원인 전도에 대해서만 설교했다. 시간마다 눈물이 흘렀고 심장이 터질 듯 벅차게 뛰었다. 나뿐만 아니라 우리 교회 모든 성도들이 함께 그 감격에 취했다. 전도를 해 본 적 없는 사람들이 전도를 시작하면서 교회는 뒤집어지기 시작했다. 한 번도 전도해 본 적 없는 양재성 집사님이 한 달 만에 100명 넘게 전도했다. 나에게 시집와서 8년 동안 한 번도 전도해 본 적 없는 사모가 60여 명을 전도했다. 장로님들이 한 주에 10여 명씩 전도하며 순종으로 앞장섰고 전도 랭킹 10위 안에 다 들어가는 기염을 토했다.

승패는 이미 결정 난 거다!

'됐다! 된다! 우리 교회는 이제 전도의 물꼬가 텄다. 된다!'

그 뒤로 교회가 폭발적으로 성장하기 시작했다. 빈자리는 채워졌고, 이제는 의자를 통로에 놓아도 다 못 앉을 지경이 되었다. 하나님의 피맺힌 소원을 들어 드렸더니 하나님께서 물질적으로 영적으로 풍성하게 채워 주셨다. 전도하는 성도들은 목사의 마음을 안다. 하나님 아버지의 마음을 안다.

"효도하면 부흥한다."

"하나님이 기뻐 노래하시네, 열방이 주께 돌아올 때!
하나님이 기뻐 춤추시네, 잃어버린 영혼 돌아올 때!"

큰 또라이 작은 또라이

2012년 4월 2일 오후 6시 35분이었다. 지금도 그 시간까지 기억난다. 부산 포도원교회에서 열린 전도 세미나가 끝나자 2000명이 넘는 목사님들이 쏟아져 나왔다. 앞에서 인사를 하시는 김문훈 목사님이 보였다. 물론 나는 그분을 직접 보는 것이 그때가 처음이었다. 나는 다짜고짜 옆으로 다가가 사진을 찍자고 했다. 인사하기도 바쁜 목사님을 세우고는 기념사진을 찰칵 찍었다.

"목사님, 저를 꼭 기억해 주세요. 저는 울산의 작은 시골 마을에서 목회하는 온양순복음교회 안호성 목사입니다. 오늘은 제가 밑에 앉아 은혜받고 도전받았지만 반드시 저도 하나님 살아 계심을 나의 이야기로, 우리 교회 이야기로 간증하는 강사로서 당당히 강단에서 만나 뵐 것입니다. 한 달만 기다려 주십시오!"

김문훈 목사님이 날 기억했을까? 그렇게 김 목사님과는 헤어졌다. 울산으로 돌아온 나는 성령이 충만했다. 큰 도전과 능력을 받아 교회로 돌아오자마자 전도했다. 말씀을 강하게 전했다. 2012년 4월 8일 부활주일에 은혜받은 성도들이 단 4일 만에 미친 듯이 나가 전도했고 120명을 교회로 인도해 왔다. 할렐루야!

그다음 주 4월 15일에는 90명이 넘는 사람들이 등록했다. 복음의 쓰나미가, 성령의 쓰나미가 울산온양순복음교회를 덮친 것이다. 뿐만이 아니었다. 2012년 4월 13일, 장경동 목사님이 인도하는 동두천 신광교회 성령바람 전도집회가 있었다. 울산에서는 6시간 30분이 걸리는 거리다. 주최 측에서 20분을 간증해 달라며 내게 요청이 왔다. 시간이 너무 짧아 순간 망설였으나 받은 은혜가 너무 커서 거절할 수가 없었다. 이틀간 금식하고 여섯 시간이 넘게 걸려 교회에 도착했다. 그야말로 몰골이 말이 아니었다. 울산 촌구석에서 올라온 까무잡잡한 목사가 시골에서 한 주에 120명을 전도한 전설 같은 이야기를 목이 터지도록 눈물로 간증했다. 피골이 상접한 나의 간증에 많은 성도들이 함께 울었다. 꿈 같은 일이 벌어졌다. 어느날 자고 일어났더니 내가 은혜받은 성령바람 전도축제의 강사가 되어 은혜를 끼치는 자가 된 것이다. 주어진 기회마다 마치 그 시간이 마지막인 것처럼 하나님이 시퍼렇게 살아 계심과 하나님의 피맺힌 소원이 전도임을 목에 피가 터지도록 외쳤고 많은 교회와 성도들이 내가 누린 은혜와 감격을 나누어 가졌다. 햇불회 등 목회자 세미나, 신학교, 미자립교회나 개척을 앞둔 목회자들 대상의 집회, 큰 집회를 열 수 없는 작은 미자립교회

등 나를 필요로 하는 어느 곳이든 찾아가 하나님의 입술, 은혜의 통로가 되어 폭포수처럼 내가 받은 은혜를 가감없이 쏟아냈고 점점 소문이 퍼져 여기저기서 강사 요청이 물밀 듯 들어오기 시작했다.

"온양순복음교회가 어디에 있어요? 안호성 목사님을 꼭 우리 교회에 초청하고 싶어요."

"목사님, 그때 너무 은혜받았어요. 저희 교회 꼭 와 주세요."

소문은 꼬리에 꼬리를 물고 삽시간에 퍼졌다. 여기저기서 초청하기 시작하는데 정신을 못 차릴 정도였다. 시인 바이런이 '자고 일어났더니 하루아침에 유명해졌다'는 말을 했다는데, 나도 비슷한 상황을 맞이하게 된 셈이다.

김문훈 목사님을 만나고 나서 정확히 한 달 뒤인 5월 3일에 바람바람 성령바람 전도집회 강사로 진주 영광교회에서 간증을 하게 되었다. 정말 꿈처럼 기적처럼 한 달 만에 김문훈 목사님을 강사의 자격으로 가서 다시 만나 뵐 수 있었다. 강단에 올라가서는 김문훈 목사님을 찾고 아는 척을 했다.

"목사님, 절 기억하세요? 한 달 전쯤 목회자 세미나에서 바로 여기서 만났던 울산온양순복음교회 안호성 목사입니다. 그때 같이 사진을 찍으면서 꼭 저를 기억해 달라고 했었죠."

기억하실 턱이 없다고 생각했다. 수많은 사람들 중에 스쳐 간, 그것도 한 달 전에 지나간 목사를 기억할 수 있을 리가 없다고 생각했다. 하지만 목사님은 같이 사진을 찍자고 했던, 자기를 기억해 달라고 했던 목사를 정확히 기억하고 계셨으며 날 보고 반가워하셨다.

강단에 올라가 폭포수처럼 말씀을 증거하기 시작했다. 그동안 받았던 하나님의 은혜를 모두 그 강단 위에서 쏟아부었다. 은혜를 붓자 은혜가 하늘로부터 내려오기 시작했다. 강단에서 내려올 때까지 쉬지도 않고 목이 쉴 정도로 메시지를 전하고 내려왔다. 마이크를 이어받은 김문훈 목사님이 강단 위로 올라오셔서 말씀하셨다.

"제가 오늘 진정한 또라이를 만났습니다. 저는 큰 또라이, 안호성 목사는 작은 또라이! 이제 제가 부산을 책임지는 또라이, 안호성 목사는 울산을 책임지는 또라이!"

김문훈 목사님 덕분에 나는 작은 또라이가 됐다. 하나님의 말씀을 전하는 또라이, 한국 교회의 희망의 불씨가 되는 또라이로 데뷔한 것이다. 그리고 나서 며칠 후 포도원교회에서 연락이 왔다. 5월 13일 부산 포도원교회에서 강사 초청이 들어온 것이다. 듣기로는 포도원교회에는 아무나 강사로 못 간다는 이야기를 들었다. 김문훈 목사님께서는 복음적으로 검증되지 않은 사람은 함부로 강단에 세우지 않는다고 했다. 부들부들 얼마나 떨리고 감격이 되었는지 모른다. 불과 한 달 전쯤 와서 은혜받은 그 현장에 내가 강사로 서 있게 된 것이다. 얼마나 긴장하고 떨었는지 또한 얼마나 감격하여 흥분했던지 그날 무슨 말을 했는지도 기억이 나지 않고 지금까지 집회 역사상 가장 죽을 쓴 집회가 되었던 것만 확실히 기억한다.

그리고 12월 포도원교회서 다시 집회를 인도하면서 은혜를 제대로 갚을 때까지 김문훈 목사님 만날 때마다 부끄러워 얼굴을 들 수 없었다.

마음이 없으면 핑계만 보이고
마음이 있으면 길이 보인다

✝

"다 나와. 나랑 붙어 이길 자신 있는 놈 있으면 다 나와!"

이스라엘과 블레셋이 전쟁을 벌였다. 블레셋에서 내세운 장군은 골리앗이었다. 사울은 근사를 이끌고 나갔지만 골리앗을 처음 본 순간 입이 떠억 벌어지고 말았다. 골리앗의 키는 삼상 17장 4절에 따르면 6규빗 한 뼘이라고 했다. 한 규빗이 4,550센티미터 정도다. 50센티미터로 잡아도 3미터를 자랑하는 신장이었다. 최홍만이 2미터 17센티미터라고 한다. 골리앗 앞에 선 서장훈은 꼬마에 불과하다. 500밀리리터짜리 우유를 마셔야 일반인이 200밀리리터짜리 우유를 마시는 것과 같은 착각을 일으키는데 상상이 가는가?

무려 40일 동안 블레셋의 골리앗은 아침저녁으로 나와 이스라엘

진영 앞에서 여호와 하나님과 이스라엘을 능욕했다. 이스라엘 진영에서 단 한 사람도 골리앗과 싸울 엄두를 내지 못했다. 골리앗을 40일 동안 본 이스라엘의 군대는 전의(戰意)를 완전히 상실했다. 이스라엘의 군사들의 눈에는 오직 골리앗만 보였다.

머리에는 놋 투구를 썼고 몸에는 비늘 갑옷을 입었으니 그 갑옷의 무게가 놋 오천 세겔이며 그의 다리에는 놋 각반을 쳤고 어깨 사이에는 놋 단창을 메었으니 그 창 자루는 베틀 채 같고 창날은 철 육백 세겔이며 방패 든 자가 앞서 행하더라(삼상 17:5~7)

골리앗의 위용을 너무나도 실감나게 말하고 있다. 이스라엘 사람들은 왜 이스라엘이 골리앗과 싸울 수 없는가에 대한 이유만 찾아 빽빽이 기술해 놓았다. 마음이 없으면 핑계만 보이는 것이다. 교회성장학에서는 교회가 크게 부흥한 사례만 찾아 연구한다. 이에 대해 어느 신학생이 용감하게 질문했다고 한다.

"왜 실패한 사례는 연구하지 않습니까? 실패는 성공의 어머니 아닙니까?"

이에 대해 교회성장학 교수님은 이렇게 답하였다.

"학생, 생각해 봐. 조목조목 왜 개척에 실패했는가를 따져 가며 물어봐야 하는데 목사님이 민망해하지 않겠어?"

"생각해 보니 그렇겠네요."

"반면, 부흥한 교회 목사님께 부흥한 이유를 물으면 답변을 청산유

수로 하실 텐데 얼마나 행복하시겠어?"

"그, 그러네요. 교수님."

교회가 부흥하지 못하는 이유를 찾으면 백 가지도 넘는다. 지역이 낙후되어 그런다, 인구가 없어서 그런다, 불교 지역이라서 그런다, 지역 사람들이 성품이 강퍅해서 그런다, 가난한 동네라 그런다, 개척교회라 사람이 안 온다, 교회 목사가 너무 어려서 그렇다, 목사의 스펙이 짧아서 그렇다…. 가만 듣고 보니 다 우리 울산온양순복음교회 이야기 같다. 우리 교회도 부흥이 안 되는 조건을 찾자면 백만 가지도 넘게 갖춘 교회 중 하나였다. 하지만 과연 그 말이 맞았는가? 마음이 없으면 핑계만 보일 따름이다. 차라리 그럴 시간에 부흥한 교회를 찾아 인터뷰하는 게 여러모로 도움이 되는 것이다. 우리는 될 수 있는 조건을 더 많이 찾았다. 우리 교회는 기도하니까 부흥한다, 전도를 목숨 걸고 하니까 부흥한다, 우리는 예배에 목숨을 거니까 부흥한다, 담임목사가 젊지만 그래서 더 열정적으로 하니까 부흥한다, 담임목사가 평범하게 생겼지만 그래서 사람들이 더 친근하게 느껴 부흥한다, 시골이지만 전원교회 느낌이 나서 부흥한다…. 부흥할 조건은 무궁무진하다. 마음이 있으니까 길이 보이는 것이다. 길이 보이니까 뜻을 이루는 것이다.

IMF 때 많은 사람들이 망했지만 그 와중에도 크게 사업에 성공한 사람도 있다. 어느 대학교 앞에 카페가 열네 개나 생겼다. 대학 내에도 유명한 프랜차이즈 커피 전문점 하나와 B급 브랜드 커피 전문점이 생겼다. 일전에는 단 두 개밖에 없었는데 1, 2년 사이에 카페가 열네 개나 생긴 것이다. 매출이 확 줄었다. 제 살 깎아 먹기가 계속되었다. 고민 끝에 기존에 카페를 하던 사장님은 로스팅을 직접 하기 시작했다. 브랜드 커피 전문점에서는 공장에서 대량으로 받아 온 원두를 내려 판다. 하지만 이곳 사장님은 생두를 직접 구입해 로스팅을 했다. 로스팅을 하는 날은 온 동네에 고소한 커피 내음이 가득했다. 블렌딩도 원두를 바꿔가며 다양하게 했다. 사람들은 놀라운 커피 맛을 보고는 계속해서 이 집을 찾기 시작했다. 견디다 못한 브랜드 커피 전문점들이 문을 내리고 떠났다. 최후의 승자가 된 것이다. 안 된다는 사람은 뭘 해도 안 되는 핑계만 찾지만 된다는 사람은 뭘 해도 되는 길을 찾는다.

사울이 다윗에게 이르되 네가 가서 저 블레셋 사람과 싸울 수 없으리니 너는 소년이요 그는 어려서부터 용사임이니라 (삼상 17:33)

윗 구절에는 스펙을 비교하는 사울의 철두철미함이 보인다. 지식은 때로는 우리를 믿음에서 멀어지게 만드는 중요한 요소 중 하나이다. 정보처리 전문가 사울은 '너는 소년, 그는 어려서부터 용사'라고 했다. 판단의 근거도 미약하기 그지없다. 아니, 골리앗은 소년 시절이 없었나? 소년 때도 용사, 넌 그냥 소년? 아예 블레셋의 장수 골리앗의 대변인으로 나섰다. 40일간 싸울 생각이 전혀 없었던 사울이니 어찌 보면 당연한 고백일지 모른다. 마음이 떠난 자는 한결같다. 핑계와 이유가 수천 가지다. 사울은 다윗의 용기를 간과했다. 다윗에게는 싸울 마음이 굴뚝같았다. 그의 관점은 평소에 하던 대로다. 사람과 직접 싸움을 한 적은 없었지만 맹수인 곰과 사자와의 싸움을 떠올렸다. 다윗에게는 골리앗은 도저히 상대할 수 없는 대적불가(對敵不可)의 장수가 아니라 그저 포악한 짐승에 불과했다. 마음이 있으면 길이 보이는 것이다.

성경을 다시 들여다보면 곰과 사자와 싸워서 승리했던 다윗의 열정을 사울은 비로소 인정했다. 나도 울산온양순복음교회를 개척할 당시에 이렇게 선포했다. 시간만 나면 선포했다. 지금도 여전히 반복적으로 선포한다.

"우리 교회를 1,000명의 예배자가 함께 예배드리는 교회로 만들겠습니다. 그리고 더 나아가 울산 최초로 1만 명이 모이는 교회를 만들겠습니다."

마음이 있으면 길이 보인다. 주변의 환경만 본다면 미친 짓임이 틀림없지만 나는 믿음을 갖고 담대히 교회를 부흥의 텃밭으로 만들어갔다.

서울의대 암센터에 있는 의사 선생님께서는 이렇게 말했다.

"암은 환자의 염려와 두려움을 먹고 자란다."

많은 사람들은 홍해의 깊이와 넓이를 잰다. 여리고 성의 두께와 높이를 잰다. 골리앗의 키와 무기의 스펙을 나열한다. 결국 두려움에 떨다가 절망하고 포기한다. 그 사람은 아무것도 할 수 없다. 수백, 수천 가지의 핑계만 생각날 뿐이다. 울산온양순복음교회를 개척했을 때 많은 사람들이 미쳤다고 했다. 해 봐야 얼마 못 갈 거라 했다. 시골 촌구석, 서른 살 어린 나이에 생면부지 땅에 개척을 하고 게다가 그곳에서 이단 취급을 받는 순복음교단 간판을 걸었으니 해 봐야 얼마 못 갈 것이라고 했다. 하지만 나의 결론은 달랐다. 하나님이 함께하시면 아골 골짝 빈들에도 하나님의 영광이 드러날 것이다!

다윗에게 골리앗은 평소에 상대했던 곰이나 사자에 불과했다. 그의 두려움과 공포의 대상, 불가능의 짜잘한 이유가 될 수 없었다. 다윗은 여호와 하나님을 조롱하는 골리앗을 더 이상 두고 볼 수가 없었다. 그래서 평소 하던 대로 물맷돌을 돌려 골리앗을 물리쳤다.

이안 머레이는 아프리카 흰개미를 가지고 실험을 했다. 개미굴 주변에 깊고 큰 도랑을 만들어 판 다음 물을 쏟아부었다. 그리고 그 도랑 위에 유일하게 굴 밖으로 통하는 대롱을 설치해 다리를 만들었다. 일대 개미들은 혼란이 일어났다. 안쪽에 있던 개미들은 밖을 나가려고 시도하다가 드디어 대롱 다리를 발견했지만, 밖으로 나가려 시도하는 개미는 단 한 마리도 없었다. 반면 밖으로 먹이를 구하러 나갔던 개미들은 단 한 마리도 빠짐없이 필사적으로 다리를 건너 돌아오는 것이었다.

집에 있던 개미들은 굳이 나갈 이유가 없었다. 모험을 할 이유가 없었다. 반면에 밖으로 나간 개미들은 귀소본능에 의해 집으로 반드시 돌아와야 했다. 어떠한 어려움이 있다고 해도 말이다. 마음이 있는 것과 없는 것은 천지 차이다. 마음이 있는 자에겐 길이 보이기 마련이다. 안주하고 가만히 있는 자에겐 길이 보일 턱이 없다. 절박하고 절실한 자에게만이 길이 보이기 마련이다.

지금도 우리 교회 성도들에게 강조하는 것 중 하나는 마음이 있으면 길이 보인다는 점이다. 전도할 마음이 없으면 핑계만 산더미다. 부흥할 마음이 없으면 핑계거리가 차고 넘친다. 그리스도인은 먼저 마음이 있어야 한다. 승리의 첩경은 사기의 문제다. 마음이 있다면 신앙은 반석 위에 이미 세워진 것이다!

여물통 엎기 전에!

✝

일전에 어느 목사님 설교를 듣는데, 불이 난 외양간의 소 이야기가 나왔다.

"외양간에 불이 났습니다. 활활 타오릅니다. 외양간 구석에 옮겨붙은 불이 점점 번져 갑니다. 하지만 소는 한가로이 외양간 안에서 여물을 먹고 있습니다. 소는 나올 생각이 통 없습니다. 소 주인은 미친 듯이 외양간으로 들어가 소를 끌고 나오려고 합니다. 하지만 소는 꿈쩍도 않습니다. 불은 점점 번져 갑니다. 소도 주인도 다 죽을 판입니다. 용을 쓰면 쓸수록 소는 더욱 버팁니다. 이럴 때 소의 습성을 안다면 간단히 소를 끌어낼 방법이 있답니다. 의외로 방법은 간단합니다. 소가 먹고 있던 여물통을 그냥 엎어 버리는 겁니다. 소는 밥통이 외양간 안에 있는 이상 자기 집인 줄 알고 절대로 안 나오려고 한답니다. 소의 밥통인 여물통을 엎는 순간 더 이상 자기 집이 아닌 줄 알고 순순히 끌려 나옵니다."

오늘날 얼마나 많은 크리스천들이 여물통에 이끌려 주일성수를 우습게 여기는지 모르겠다. 목사가 아무리 끌고 나오려고 해도 여물통에 정신이 팔려 교회에 오지 않는다. 권면을 하고 예배의 중요성을 아무리 강조해도 꿈쩍도 않는 천하장사다. 설교를 죽기 일보 직전까지 매주 준비하는데도 꿈쩍도 하지 않고 교회에 안 나오는 성도들이 있다. 하지만 하나님께서는 때때로 긴급사태를 발생시키셔서 그들의 여물통을 완전히 둘러 엎으실 때가 있다. 그때서야 비로소 만신창이가 된 성도는 '천부여 의지 없어서' 새찬송가 280장(통 338장)을 부르며 교회로 나오게 된다.

'천부여 의지 없어서 손들고 옵니다
주 나를 외면하시면 나 어디 가리까
내 죄를 씻기 위하여 피 흘려 주시니
곧 회개하는 맘으로 주 앞에 옵니다'

주일성수를 오랫동안 못 하다 보면 창피하다고, 남 보기 부끄럽다고 교회 출석을 도리어 기피하는 성도들도 있다. 그럴 때에 나는 지체 없이 달려가 무릎이라도 꿇어 꼭 데려온다. 하나님은 잃어버린 아들을 너무도 기다리시기 때문이다. 탕자를 마을 입구에서 매일 기다리시고, 돌아온 아들을 환영하고 맞이해 주시기 때문이다. 그래서 요새는 새벽 기도 시간에 전도자의 간절한 심정으로 기도를 한다.

"주님, 정말 이 영혼을 교회에 돌아오시게 하시려거든 여물통이라도 엎어 주옵소서!"

새벽 기도의 주요 기도 제목과 내용 중 하나는 교회에 나오다가 안 나오는 분들을 위한 기도다. 이 영혼들은 눈에 밟혀 쉽게 기도가 멈추지 않는다. 한 사람 한 사람 다 꼬치꼬치 기도해야 속이 시원하다. 그래야 기도한 거 같다. 병원에서 수술 받고 의식이 긴가민가할 때도 나온 이름은 바로 잃어버린 양이었다. 하나님께서는 잘나가는 의인 아흔아홉 사람보다는 죄인 한 사람, 상처입고 만신창이가 된 잃어버린 양 한 마리를 더 찾기 때문이다. 철밥통(Iron rice bowl)을 믿고 의지하다가는 낭패를 보기 십상이다.

"지금 보고 계세요? 집사님, 권사님, 성도님? 하나님께서 여물통 엎어 버리시기 전에 빨리 교회로 나오세요! 네?"

아프니까 전도다

　개척하고 교회 증축도 하고 교회는 점점 부흥하기 시작했다. 2012년 모든 일이 파죽지세로 잘 되어 가고 있을 즈음 갑자기 배가 아파 오기 시작했다. 두 번의 개복수술을 한 경험이 있던 터라, 나는 배가 아픈 것에 대해 무척 민감했다.
　'주님, 저 지금은 순종하는 중인데, 목회하고 있는데 왜 배가 갑자기 아픈가요?'
　하지만 이번은 달랐다. 그때의 배 아픔과는 확실히 달랐다. 증상도 느낌도 달랐다. 이상했다. 병원에 하루 종일 끌려다니며 이런저런 검사를 받았다.
　"쓸개에 염증이 있어요. 제거하는 수술을 하셔야 합니다."

"네? 수…수술이요? 또 수술을? 안 하면 안 되나요?"

속으론 '다행이다'란 생각이 들었다. 장결핵이 아니었으니 말이다. 수술을 하고 한 주 정도 병원에 누워 있을 생각을 하니 교회가 걱정이 됐다. 교회에 잘 나오다가 안 나오는 성도들의 이름이 먼저 생각났다. 개척 이후 미친 듯이 달리기만 하던 사역에 잠깐이나마 브레이크가 걸린 셈이다.

쓸개를 담낭이라고도 하는데 주변으로 염증이 번지지 않게 담낭을 제거하는 수술을 반드시 해야 한다고 했다. 선택의 여지가 없었다.

"그으럼 해야지요…."

"이제 목사님은 기름기가 많은 음식은 되도록 삼가셔야 합니다. 지방이 소화가 잘되지 않기 때문에 되도록 채식, 자연식으로 하셔야 하고 고기를 드셔도 살코기로만, 인스턴트 음식인 피자, 햄버거, 치킨 등 맵고 짠 음식은 되도록 피하셔야 합니다."

가만히 생각해 보니, 이것저것 다 빼면 먹을 게 없는 거 아닌가? 설교를 하는 날에는 설교가 끝날 때까지 금식하는 습관이 배어 있었지만 왠지 섭섭한 생각도 들었다. 한마디로 초식동물처럼 살면 되는 셈이다. 초식동물은 지방을 소화시킬 일이 없어서 쓸개가 없다고 한다.

'주님, 이제 저는 쓸개 빠진 목사가 되는 건가요?'

강단에 설 때 "저는 쓸개 빠진 목사입니다." 이렇게 소개해도 되게 생겼다. 목회란 때로는 쓸개 빠져야만 가능할 때가 있다. '간 쓸개 다 빼놓고' 목회를 해야 할 때도 있다. 수술대에 누워 수술을 받는데 만감이 교차했다. 수술할 때마다 느끼는 것이지만 참 많이 아프다. 가장 아플 때가 마치 풀리는 순간이다. 마취가 풀리며 비몽사몽의 순간이 될 때 모아 놓았던 통증이 한꺼번에 몰려온다. 통증 러시를 당해 보지 못한 사람은 이 기분을 잘 모른다. 드디어 마취가 풀리는 순간이었다. 갑자기 8개월여 동안 교회에 나오지 않던 성도 이름이 생각났다. 의식이 돌아와 신음하던 중에 아이들도, 아내도 먼저 찾지 않고 잃은 양의 이름을 맨 처음 불렀다.

"아… 으… 어… 유왕모!"

마침 그때 병원심방을 왔던 교회 식구들이 나의 신음하는 그 소리를 들었다. 적절한 타이밍이었을까? 하나님의 섭리였을까? 이 소식은 삽시간에 교회 안에 소문이 났고 잃어버린 양의 귀에까지 들어갔다.

"병상에서 사경을 헤매시는 중에 안 목사님이 유왕모 성도님을 찾으셨어요! 얼른 찾아가 보세요."

이 이야기를 듣고 유왕모 성도는 한걸음에 달려왔다. 그동안 문자와 전화를 수 없이 하도 받지도 답장도 없었지만 목사가 아프다는 소리에, 그 고통의 와중에 자신의 이름을 불렀다는 말에 병원에 찾아와 준 것이다.

"성도님, 제발 교회로 다시 돌아와 주세요"

"자꾸 부담스럽게 그런 말 마세요. 목사님이 수술했다니 걱정되어서 병 문안 온 것이지 교회 다닐 생각은 없어요"

"그리고 듣자 하니 요즘 교회 사람들이 많이 몰려와 앉을 자리도 없다던데…."

"성도님, 저는 요즘 몰려드는 사람들 때문에 행복한 것보다 성도님이 늘 앉던 그 자리에 성도님이 안 계심을 보며 슬퍼하고 있어요 다시 나와 주세요. 이게 제 소원이에요!"

나는 통증에 옴짝도 못하던 몸을 억지로 일으켜 그의 손을 잡았다. 몸을 움직이자 기절할 것 같은 통증이 밀려왔다.

"제발요, 성도님."

유 성도님의 눈빛이 흔들렸다.

"목사님께서 이렇게까지 하시는데 제가 나가야죠."

"할렐루야! 감사합니다!"

아흔아홉 마리를 놔두고, 잃어버린 양 한 마리를 찾기 위해 험한 산골짜기를 헤매는 목자의 심정을 알아준 것이다.

"할렐루야!"

눈물이 터져 나왔다. 기쁨과 감사의 눈물과 소스라치게 아픈 통증의 눈물이 뒤섞여 쉼없이 쉼없이 그렇게 한참 동안을 내 볼을 타고 흘렀다.

덕분에 그분은 다시 교회에 나오기 시작했다. 지금은 교회에 둘도 없는 신실하고 충성스러운 믿음의 성도가 되었다. 하나님께서는 목사의 신음 소리도 다 듣고 응답하시는 분이심을 새삼 느끼지 않을 수 없었다.

옥한흠 목사님이 쓴 책 「고통에는 뜻이 있다」는 제목처럼 어쩌면 저 한 성도를 다시 교회로 인도하시기 위해 나의 쓸개랑 바꾸신 것은 아닐까? 하는 생각도 든다. 한편으론 섭섭한 생각도 든다.

'주님, 왜 쓸개를 한 개만 만드셨나요?'

무릎 꿇기 전도

✝

　전승에 따르면 야고보 사도는 별명이 '낙타 무릎'이었다고 한다. 얼마나 많은 시간을 무릎 꿇고 기도했는지 낙타 무릎처럼 군살이 단단히 박혀 있기 때문이다. 하지만 여기서 이야기하고자 하는 무릎은 낙타 무릎 이야기가 아니다.

　누가복음 15장 3절부터 7절에 보면 양 백 마리를 가진 사람의 비유가 나온다. 그 가운데 "한 마리를 잃으면 아흔아홉 마리는 놔두고 잃어버린 그 한 마리를 찾기 위해 나서지 않겠느냐"며 예수님이 질문하신다. 대부분의 사람들은 고개를 끄떡끄떡하며 '당연하지요' 했을 것이다. 잃어버린 양을 찾는 예수님의 열정은 목자의 심장을 이식받으면 누구나 갖게 된다. 나는 무척 자존심이 센 목사다. 누구에게 찾아가 아쉬운 소리를 절대 안 하고, 비굴하게 굴지도, 타협하지도 않는다. 하지만 예외가 있다. 잃어버린 양을 위해서라면 무릎이라도 꿇는다. 아니, 백 번이 아니라 천 번이라도 무릎 꿇을 만반의 준비가 되어 있다.

암 투병 중이신 여 집사님이 계셨다. 그분의 소원은 단 한 가지, 남편이 예수님께 나아오는 것이었다. 집사님은 날마다 남편의 구원을 위해 기도하셨다. 암과 사투 중인 순간에도 단 하루도 빠지지 않고 남편이 교회 나오기를 간절히 소원하셨다. 목사가 그 소원을 알고서 가만있을 수가 없었다. 나도 함께 기도하기 시작했다. 그리고 그 남편에게 만나자고 연락했다. 목양실에 찾아온 남편과 이야기를 시작한 후 30여 분간 전도하기 시작했다.

"선생님, 아내분의 소원은 선생님께서 교회에 단 한 번이라도 나오는 것입니다. 선생님께서 교회에 나오신다면 제가 이 자리에서 무릎이라도 꿇을 수 있습니다."

"모…목사님, 갑자기 왜 그러십니까? 이러시면 곤란합니다."

나는 그 자리에서 무릎을 꿇으려고 했다. 당황하시던 그분은 나를 제지하고는 약속을 하셨다.

"목사님, 꼭 이번 주에 아내와 같이 교회에 오겠습니다."

집사님의 간절한 기도가 드디어 이루어졌다. 교회에 온 가족이 함께 나와 예배를 드리셨다. 전도만 될 수 있다면, 실족한 심령이 다시 교회로 돌아올 수만 있다면 낙타 무릎이 될 준비가 되어 있다.

교회에 출석을 잘하시다가 갑자기 안 나오시는 분들이 있다. 목사의 눈에는 출석 잘하는 성도보다 믿음의 뿌리가 내리지 못해 이리저리 요동하는 성도들이 더 밟힌다. 새벽마다 기도하면 이분들만 떠오른다. 믿음이 더 필요한 가정인데 여러 가지 사정으로 교회에 출석하지 못하는 모습을 보면 나무라기보다는 차라리 내가 업어서라도 나올 수만 있다면 달려 나가고 싶다. 정 견딜 수 없을 때는 찾아가 무릎이라도 꿇고 다시 잃은 양을 데려온다. 이런 가정들이 모여 지금 성전을 가득 채우고 예배를 드리고 있는 것이다.

서울에 있는 1만 명 넘는 초대형 교회 목사님도 교회에 안 나오는 성도를 몇 번씩이나 찾아가 데려왔다는 소식을 들은 적이 있다. 처음엔 거짓말이겠지 했다. 하지만 내가 목사가 되어 보니 그 심정이 이해가 간다. 기다리다 못해 전화를 했다.

"박 집사님, 예배를 안 드리시면 어떡해요?"

"죄송해요, 목사님. 다음 주에는 꼭 나갈게요."

그래 놓고 안 나왔다. 다시 또 전화했다.

"집사님, 이젠 약속도 어기시나요?"

"정말 면목이 없어요, 목사님! 정말 이번 주에는 갈게요."

어라! 그러고 또 안 왔다. 전화를 했더니 전화도 안 받고, 문자를 보냈는데 젊은 애들 말대로 씹는다. 와! 속에서 불이 나는데 도저히 못 참겠다. 만사를 제쳐 두고 무조건 집으로 찾아갔다. 그러고는 무릎을 꿇었다.

"집사님 오신다고 할 때까지 이러고 있겠습니다."

"목사님, 제가 잘못했어요. 꼭 갈게요. 여기서 이러시면 안 됩니다."

"제가 또 속을 줄 아세요?"

"정말이에요, 정말!"

하나님께서는 잃어버린 양을 찾으러 가라고 계속적으로 강권하신다. 그 집사님은 결국 다시 예배의 자리로 나왔다.

"할렐루야!"

생각해 보면 여기저기 교회를 떠돌다 방황하던 성도들이 유독 우리 교회에 많다. 소위 교회에서조차도 포기한 성도들이 꽤 있다.

'안 목사야, 가라!'

'하나님, 저도 지쳐요. 오는 사람도 많은데 왜 꼭 박 집사를 데리러 가라고 하세요?'

'아니다. 저 양은 네가 돌보지 않으면 아무도 돌볼 사람이 없다.'

'저 말고도 교회가 얼마나 많은데요? 저 말고도 목사가 얼마나 많은데 돌볼 사람이 없다니요!'

'아니다, 가라. 가서 직접 데려와라. 박 집사는 너에게 맡긴 양이다. 내 양을 먹이라.'

할 수 없이 간다. 하지만 시간이 지나면서 주님이 말씀하지 않으셔도 내가 속이 아파서, 안타까워서 찾아가게 된다. 주님의 마음을 조금이나마 알게 되었기 때문이다. 이런 나의 무릎 꿇기 전도로 40번 넘게 찾아가 다시 데려온 가정도 있다. 영혼을 구원할 수만 있다면 나는 40번이 아니라 5만 번이라도 무릎 꿇을 준비가 되어 있다. 그래서 사람들에게 자신 있게 말한다. 나는 무릎 잘 꿇는 목사라고!

겸손은 힘들어

†

'겸손! 겸손은 힘들어
겸손! 겸손은 힘들어'

조영남이 노래했고 리쌍이 리메이크한 '겸손은 힘들어'에 나오는 가사이다. 신앙이 있든 없든, 나이가 많든 적든, 지위가 높건 낮건 겸손은 누구에게나 쉽지 않은 일이다. 정말로 겸손한 것과 겸손한 척하는 것의 차이를 구별하기란 매우 어렵다. 어거스틴은 알렉산드리아의 주교 디오스코루스에게 보낸 편지에서 이렇게 말했다.

'디오스코루스여, 나는 그대가 온전한 경건함으로 자신을 하나님께 드리는 삶을 살기 바랍니다. …그 길의 첫째가 겸손입니다. 둘째도 겸손입니다. 셋째도 겸손입니다.(In that way the first part is humility; the second, humility; the third, humility)'

젊은 나이에 부흥하는 교회의 담임목사를 하다 보니 교만병이 들기가 너무 쉬운 환경이 되었다. 가는 곳마다 사람들은 환영하여 맞아 주고, 존경스러운 눈빛으로 바라본다. 속으로 '에헴' 하는 마음이 생길 법도 하다. 그럴 때마다 내 속을 추스린다.

'오직 하나님의 은혜다.'

그런데 사람이란 참 간사한 모양이다. 자꾸 이러한 일이 반복되다 보니 내가 잘나서 이렇게 된 줄 착각할 때가 있다. 그럴 때마다 내 자신에게 섬뜩함을 느끼며 놀란다.

이름도 알려지지 않고 교회가 자그마했을 때는 나이가 어리다 보니 미치도록 환장할 일도 많았다. 어리기 때문에 많은 사람들이 업신여기고 목사로서의 권위를 인정하지 않았다. 속으로 이런 생각을 했다.

'왜 우리나라는 나이가 벼슬인가? 나이가 젊으면 목사는 목사가 아닌가?'

큰 교회 설교자로 초청을 받아 가면 주차 안내하는 집사님들도 날 목사로 보지 않았다. 강사목사님 자리라면서 날 내쫓았다.

"저, 제가 강사…."

"아 글쎄, 강사목사님 차 댈 자린데 왜 자꾸 여기다 대려고 하세요."

"아, 제가 강사로…."

"젊은 분이 왜 이렇게 말을 못 알아먹나!"

"아, 예…."

별수 없이 차를 맨 구석에다가 대고 강단에 선 적도 있다. 시간이 지나며 머리도 적당히 벗겨지고, 알아보는 사람들도 조금씩 늘어 가면서 어깨에 힘이 조금씩 들어가는 끔찍한 모습의 나 자신을 발견하게 된다. 교만과 겸손은 원수다. 결코 친구 할 수 없다. 교만과 친구 하는 순간 겸손과는 절교하게 된다.

'겸손은 죽음에까지 이르러야 하는 길이다. 왜 그럴까? 죽음만이 겸손의 극치를 이루기 때문이다. 겸손은 꽃이다. 이 꽃을 통해 맺어진 완전한 열매는 곧 자아를 희생하고 죽는 것이다. 예수께서는 죽기까지 자기를 낮추셨고, 우리가 걸어야 할 그 길을 열어 주셨다. 그리스도께서 자기를 낮추시고 자기 자신을 하나님께 복종케 하신 사실을 증명할 수 있었던 유일한 길은, 오직 죽음밖에 없었다.'

앤드류 머레이의 스테디셀러 「겸손」에 나오는 내용이다. 자기를 쳐 복종시키는 일이 겸손의 핵심이라고 한다. 내가 살아나고 내가 앞서 가기 시작하면 섬김과 예배와 전도는 사라지고 다른 사람들에게 나를 높이고 칭찬하라는 자신의 모습만 남아 평생 전도 한 번 못 하는 성도로 전락하고 만다. 두렵고 떨리는 일이 아닐 수 없다. 그래서 날마다 내 자신을 쳐 복종시키고 그리스도를 내 안에 채울 수밖에 없다.

"악마가 가장 싫어하는 말은 겸손이요, 천사가 가장 좋아하는 말은 겸손이다."

심청이는 효녀가 아니다(?)

†

심청이의 이야기를 모르는 사람은 거의 없다. 아버지 심 봉사의 눈을 뜨게 하기 위해 공양미 삼백 석을 마련하려고 선원들에게 팔려 인당수에 빠지는 내용이다. 하지만 문제는 아버지의 눈을 고친다는 이유로 아버지를 버린 채 인당수로 떠나간다는 점이다.

아버지 입장에서 바라보자. 홀로 남은 아버지를 뺑덕 어미가 보살펴야 하는 불편한 현실이 시작되고, 유일하게 눈과 귀, 손과 발이 되어 주었던 심청이 없이 계속 살아야 한다. 설령 눈을 뜨게 된다 할지라도 하나뿐인 딸을 잃어버린 채 살아야 한다.

많은 사람들이 찾아와 신앙 상담을 요청한다. 예수님을 믿다가 낙심하고 지친 사람들에 대한 나의 대답은 단순하다.

"하나님은 우리 아버지십니다."

하나님을 나의 친아버지로 생각하고 문제를 생각하기 시작하면 답은 의외로 심플하고 쉽게 나온다. 바로 아버지의 마음이다.

내가 네 곁으로 지나갈 때에 네가 피투성이가 되어 발짓하는 것을 보고 네게 이르기를 너는 피투성이라도 살아 있으라 다시 이르기를 너는 피투성이라도 살아 있으라(겔 16:6)

아버지의 마음은 똑같다. 비록 자식이 엉망진창 피투성이일지라도 살아 있기를 바라는 마음이 아비의 마음이다. 이것이 바로 신앙의 본질이다. 우리의 너덜너덜해진 삶 속에서도 포기하지 않고 나아가는 것이 신앙이다. 하지만 우리는 쿨하고 멋진 신앙생활만을 꿈꾸고 기대한다.

우리도 착각하며 신앙생활을 하고 있다. 심청이처럼 아버지 눈을 뜨게 할 생각만 했지 아버지의 심정, 애끓는 마음을 전혀 헤아리지 못한다. 은혜와 영성이 바닥을 치는데, 은혜가 다 말라 비틀어지고 있는데, 이러한 상황에서 억지로 꾸역꾸역 신앙생활하는 것 자체가 하나님께는 커다란 불효란 생각은 왜 못 하는가?

교회 사역도 사실 항상 기쁘고 즐겁고 은혜가 충만한 것이 아니다. 긴병엔 효녀 없다고, 심청이는 소경인 아버지를 섬기며 사는 하루하루의 삶이 쉽지 않았을 것이다. 차라리 떠나는 것이 더 쉬웠을지 모른다. 교사를 하다가, 간사를 하다가, 직분을 맡아 봉사하다가 힘겨운 사역의 무게에 짓눌리다가 포기하고 내려놓는 경우가 있다.

"다 버리고 떠나자!"

결국 효녀 심청 성도의 결론은 교회를 다른 곳으로 옮기기 위해 인당수로 떠나는 것이다. 하나님의 은혜, 하나님의 능력으로 교회 사역을 해야 지치지 않는다. 은혜를 받아야 낙심하지 않는다. 온전한 예배를 드리기를 힘써야 새로운 양식을 공급받아 승리하게 된다. 나 중심의 신앙생활에서 하나님 중심의 신앙생활로, 나 중심의 예배에서 하나님 중심의 예배로 전환될 때 신앙의 패러다임이 변화된다.

온전한 예배는 전도의 에너지를 충전하고 나를 살리고, 남도 살리게 된다. 인당수로 가서는 안 된다. 현장에서 능력을 회복해야 한다. 싸워서 이기고 전도하면 하나님께서 기뻐하시는 효자, 효녀가 될 것이다.

소년이라도 피곤하고 곤비하며 장정이라도 넘어지며 쓰러지되 오직 여호와를 앙망하는 자는 새 힘을 얻으리니 독수리가 날개 치며 올라감 같을 것이요

달음박질하여도 곤비하지 아니하겠고 걸어가도 피곤하지 아니하리로다 (사 40:30~31)

독서의 저력

프랑스는 매우 독특한 나라다. 땅덩어리도 우리나라 크기 정도밖에 안 되고 인구는 6,500만밖에 안 된다. 하지만 2012년 IMF 기준 GDP는 세계 5위다. 천주교가 90퍼센트, 나머진 이슬람, 소수의 개신교와 유대교가 차지하는 독특한 나라이다. 철광석과 포도 생산을 빼면 그다지 대단한 자원도 없는 나라이다. 하지만 세계에서 손꼽히는 선진국이자 문화 강국이다.

많은 사회·정치·경제학자들이 여러 가지 이유를 꼽지만 프랑스가 선진국으로 지금까지 버틸 수 있었던 가장 큰 이유를 들자면 바로 방대한 독서량 때문이 아닐까 싶다. 프랑스 사람들은 책을 많이 읽는다. 경기가 불황일수록 사람들은 서점에서 책을 사서 본다. 책 판매량이 급증하는 시기가 불황의 시기와 맞물린다고 한다. 우리나라에서는 독서 관련 방송프로그램이 시청률 1퍼센트도 채 안 나오다가 폐지되었지만, 프랑스에는 인기 있는 장수 TV 독서 토론 프로그램이 있을 정도다. 프랑스인은 바캉스 기간에도 평균 책 세 권을 읽는다고 한다. 하루 평균 2시간 14분을 읽고, 인터넷이나 TV 시청은 오히려 이 기간에 줄이며 독서에 더 활용한다는 것이다.

지난 2011년 우리나라의 평균 독서량은 1년에 열 권이었다. 4년 전에는 열두 권이었으며 계속 줄어드는 추세라고 한다. 문화관광부에서 실시한 '국민독서실태조사'에서 따르면 지난 1년간 한 권 이상 책을 읽었다는 18세 이상의 성인이 66.8퍼센트에 불과했다고 한다. 국민 100명 중 33명은 단 한 권도 안 읽은 셈이다. 에디슨은 '책은 위대한 천재가 인류에게 남겨 주는 유산이며 그것은 아직 태어나지 않은 자손들에게 주는 선물로서 한 세대에서 다른 세대로 전달된다'고 했다.

내가 만난 이 중에 가장 인상 깊은 독서광은 장경동 목사님이다. 바쁘기로는 교계에서 한 손 안에 드실 분이다. 하지만 어디를 가나 가방에서 책을 꺼내 읽는 모습을 자주 뵈었다. 조금만 틈이 나도 책을 들고 읽는 모습이 무척이나 인상적이었다. 나도 틈만 나면 책을 읽는다. 집회를 떠날때도 새로이 일주일 동안 읽을 책보따리를 싸는 것이 먼저다. 책을 사는 데 돈 쓰기를 아까워하지 않는다. 설교 준비를 위해서도, 나의 닫힌 지식의 한계를 새롭게 열고 개척하기 위해서도 책을 읽는다.

파주 출판계의 3분의 2가 문을 닫았다고 말할 만큼 요즘은 사람들이 책을 읽지 않는다고 한다. 짧고 단순한 문장의 트위터가 도리어 사람들의 관심을 대신하고 있다.

 '독서는 정신적으로 충실한 사람을 만든다. 사색은 사려 깊은 사람을 만든다. 그리고 논술은 확실한 사람을 만든다'라고 벤자민 프랭클린은 말했다. 맹자의 '책은 옛 현인을 벗으로 만들어 준다'는 말도 뼈에 와 닿는다. 목회자의 방대한 독서량은 설교의 넓이와 깊이를 결정해 준다. 성경 말씀대로 한 기도의 양은 영성의 깊이와 넓이를 결정해 준다.

전도란? 하나님 편에 서기다

✝

하나님 편에 선다는 것, 그것은 그리스도인의 숙명이다. 세상에서도 줄을 잘 서면 자다가도 떡이 생긴다. 그래서 심판도 매수하고 승부도 조작하고 불법과 갖가지 편협한 수단을 동원한다. 하지만 하나님은 공의로우시며 공정하시다. 그분을 의지하는 자를 하나님께서 반드시 승리케 하신다.

또 여호와의 구원하심이 칼과 창에 있지 아니함을 이 무리에게 알게 하리라 전쟁은 여호와께 속한 것인즉 그가 너희를 우리 손에 넘기시리라 (삼상 17:47)

전쟁의 주체가 자신에 있지 않고 하나님께 있음을 다윗은 잘 알고 있었다. 어떤 문제를 만났을 때 그 문제에 하나님께서 참전할 수 있도록 해야 한다. 하나님께서 그 문제의 주도권을 잡고 계심을 인정해야 한다.

신앙이 무엇이냐고 내게 묻는다면 '하나님 편에 붙어 있기'라고 대답한다. 있기 없기? 하나님께 있기! 세상은 어떻게든 하나님과 우리를 떨어뜨리려 한다. 무슨 수를 써서든 교회에 못 가게 하고, 전도의 말씀을 듣지 못하게 하고, 예배를 못 드리게 한다. 믿음에서 떨어지게 만들고, 낙담시키고, 부정적인 인간이 되고, 결국 신앙은 끝이 난다. 그러나 붙어만 있으면 승승장구하는 믿음의 성도가 된다.

집회를 보면 작은 교회들은 자꾸만 사람을 의지하고 경험을 따라 하고, 인간의 노하우로만 부흥시키려고 한다. 당연히 안 된다고 생각한다. 일산에 있는 어느 교회에서 집회 요청이 있어서 갔다. 교인이 서른 명이라고 했다. 막상 가 보니 열한 명이 왔다고 하는데 다시 세어 본 결과 아홉 명이었다.

"목사님, 열한 명이라고 하셨는데 아홉 명이네요?"

서른 명 이야기는 꺼내지도 않았다.

"신혼부부가 지난주에 이사를 가서 그래요."

한 자리와 두 자리는 큰 차이다. 1은 한 자리, 99는 두 자리다. 차이는 98이지만 말이다.

좋다. 열한 명이라 믿고 쏟아부었다. 세상에 붙어 있지 말고 하나님께 붙어 있으라고 했다. 사람을 의지하지 말고 하나님만 의지하라고 했다. 그곳에 참석한 목사님과 사모님 모두가 변화되었다. 아홉 명의 성도 전체가 눈이 반짝반짝 빛나기 시작했다. 그리고 놀라운 일이 벌어졌다.

"목사님, 말씀대로 의지하고 열심히 전도했습니다."

"할렐루야, 제가 더 감사합니다."

그러시더니 갑자기 흑흑 우시는 거다.

"목사님, 진정하시고요."

"우리 교회가, 우리 교회가…."

"괜찮아요, 목사님. 진정하시고 말씀하세요!"

"120명이 예배를 드려요!"

한 달 만에 120명이 됐다. 전도의 생명력이 그 교회를 살린 것이다. 나도 같이 울었다.

'하나님은 정말 능력이 많으신 분이구나!'

삿갓조개는 흡착력이 강력하다. 자그마치 5~10톤의 힘으로 바위에 붙어 있다고 한다. 바위를 깨기 전까지는 절대로 안 떨어진다. 하나님과의 관계에서, 감정에서, 쏟아지는 불신과 미움 속의 시험에서, 어떻게든 사탄 마귀는 우리를 하나님과 떨어뜨리려고 한다.

링컨은 스펙이나 외모나 정치 경력이나 모든 것에서 떨어지는 사람이었다. 그러나 믿음으로써 대통령이 되었다. 남북전쟁이 일어나자 각료들이 기도하기를 요청했다.

"각하! 하나님께서 우리 편이 되어 달라고 기도해야 합니다."

"아닙니다. 하나님이 우리 편이 되게 해 달라고 기도하지 말고, 우리가 하나님 편이 될 수 있게 기도해야 합니다."

성공이란 무엇인가? 하나님 편이 되는 것이다. 조금 더 쉽게 말하자면 권위와 친해지는 것이다. 지금 세태는 권위를 무시하는 것을 무슨 대단한 공의를 행하는 것으로 안다. 자녀들은 부모의 권위를 인정하고 존경해야 한다. 학생들은 선생님 말씀에 성도들은 목사를 사랑하고 존중해야 한다. 그러나 지금은 권위 자체를 무너뜨리고 권위를 짓밟아야 개념 있는 사람으로 박수를 쳐 준다. 성경은 그렇게 가르치지 않는다.

두려워할 자를 두려워하고, 존경하고 존경할 자를 마땅히 존경해야 한다. 요즘엔 대통령이 자기 친구만도 못하다. 동네 개 이름처럼 함부로 부른다. 욕한다. 전 세계에서 군인과 경찰을 무시하는 나라는 우리나라가 유일한 것 같다. 공권력 자체가 무시당한다. 시위하면서도 폴리스 라인을 넘는 것은 예삿일이다. 경찰을 무시해야 뭔가 되는 것처럼 생각하는 게 현실이다. 민주주의가 발달한 선진국에서 폴리스 라인을 넘는 행위는 자살행위와 같다. 하지만 우리나라는 법을 어겼는데도 경찰이 물대포 쏘며 시위를 진압했다고 기사가 크게 난다. 이런 분위기가 되다 보니 권위 자체를 무시한다.

교권이 무너지자 선생님을 우습게 여긴다. 아이들이 잘못해도 야단을 칠 수가 없다. 교실은 통제가 되지 않는다. 소위 외고, 과학고가 아닌 학교들은 태반이 교실에서 떠들고 잔다고 하는데, 그래도 아무도 뭐라고 하지 않는다고 한다. 머리만 쥐어박아도 바로 경찰에 신고가 들어가서 선생님을 잡아가니까 선생님들은 아예 자포자기했다고 한다. 학생들의 절반이 담배를 피우고, 심지어 들리는 소문에 모 고등학교에는 학생 전용 흡연실까지 만들어 줬다고 한다. 모 유명한 농구선수가 놀이터에서 오토바이를 타고 담배를 피우는 고등학생들을 야단쳤는데 대들어서 머리에 꿀밤을 줬더니 학생들이 그를 경찰에 신고했다고 9시 뉴스에까지 나온 적이 있다. 다섯 명의 남녀 고등학생이 그랬는데 세 명의 부모들은 찾아와 "고맙습니다." 하고 돌아갔다. 두 명의 부모는 고발해서 끝까지 농구선수를 처벌하라고 한다고 한다. 적반하장이 따로 없다. 그렇게 곱게 키운 자식의 앞날은 안 봐도 뻔한 것이다. 이런 사례가 비일비재하다. 편의점 앞에서 침을 뱉는 고교생을 다섯 살 난 아들과 아빠가 함께 편의점에 왔다가 봤다. 아빠가 고등학생들을 나무라자 고등학생들이 그를 애가 지켜보는 가운데서 때려 숨지게 만들었다. 숨지기 전 병원에서 사경을 헤매고 있을 때 학부모들이 찾아와 사정하기에 아내가 학생들의 앞길을 생각해서 합의해 줬다고 한다. 그러나 아빠는 세상을 떠났다. 합의한 이후에는 단 한 번도 찾아오지 않고, 같은 동네라 길에서 만나면 욕설을 한다는 기사를 보았다. 세상이 미쳐 돌아가고 있다. 착한 일을 하면 크게 화를 입는 세상이다.

　부모의 권위도 땅에 떨어졌다. "우리 아버지가 때려요." 아홉 살짜리가 경찰을 출동하게 만들었다. 실화다. 아버지는 아동청소년보호법에 의거, 처벌받아야만 한다고 한다. 이젠 자식이 잘못해도 종아리도 못 때리는 시대가 되었다. 권위를 잘못 사용하는 일부 사람들 때문에 마치 전체가 다 잘못 사용하는 것처럼 몰아붙이고 권위 자체를 완전 봉쇄하는 지경에 이르렀다. 빈대 한 마리 잡으려다가 초가삼간 다 태운 격이 되었다.

영권이 무너지자 독사님을 존경은커녕 타도의 대상으로 여긴다. 목사가 잘못하면 기사를 올리고 포털 사이트 메인에 도배된다. 댓글에는 온갖 욕설로 난무하다. 기사를 읽어 보면 이상한 목사가 많다. 정규 교단 소속의 목사는 거의 없고 생전 처음 듣는 교단에서 목사안수를 속성으로 받았거나, 심지어 목사가 아닌데도 목사라고 보도하기도 하고, 이단 소속인데도 목사라고 크게 보도하기도 한다.

목사를 존경하라는 설교를 하면 목사님들이 도리어 뜯어말린다. 그렇게 하면 권위주의자라고 욕먹는다고 절대 그러지 말라고 한다. 하지만 성경이 말씀하시는데 어떻게 안 가르친단 말인가? 교회에서 목사는 아버지 같은 존재 아닌가? 아버지를 공경하고 사랑하고 따르는 게 왜 지금은 이단처럼, 사이비처럼 취급받는지 도리어 이해가 안 간다. 포스트모더니즘의 해체가 권위의 해체에까지 이어진 것이다.

사사기 시대처럼 '저 소견에 좋을 대로 행하였더라' 시대가 찾아왔다. 권위가 무너진 사회에는 혼란과 무법이 창궐할 따름이다. 교회는 무너진 권위를 다시 세우고, 하나님의 교회를 세우고, 하나님이 얼마나 무서운 분인지, 하나님이 얼마나 공의로운 분이신지를 알게 해야 한다. 변질된 사랑만 외치지 말고 세상의 빛과 소금이 되어야 할 것이다.

하나님의 편에 서기보다는 자기편에 서서 모든 걸 판단하고 행한다. 심지어 하나님마저도 자기편에 서라고 하는 시대이다.

민수기 16장에 보면 그 유명한 고라의 모세 대적 사건이 나온다. 고라는 사람들을 선동해 하나님이 세우신 종 모세를 대적하며 말했다.

'너희가 분수에 지나도다 회중이 다 각각 거룩하고 여호와께서도 그들 중에 계시거늘 너희가 어찌하여 여호와의 총회 위에 스스로 높이느뇨?(민 16:3)' 이 본문 말씀은 잊혀진 지 오래됐다. 이 말씀을 가지고 설교를 하는 목사를 찾기는 매우 어렵다. 고라 이야기를 하면 어떤 사람들은 즉각 반응한다.

"무슨 목사가 자기 건들지 말라면서 하나님이 심판하신다고 협박이나 하냐?"

"아이고 세상에, 자기가 어떻게 자기 입으로 그런 설교를 할 수가 있나?"

"변형된 또 다른 권위주의의 형태군!"

여호와의 종 모세를 멸시한 것은 곧 여호와를 멸시한 것이라는 성경의 원리를 알아야 한다. 고라와 함께 분향하던 250인도 불로 멸하셨다(신 16:35). 하나님의 권위에 도전하는 자는 하나님의 심판으로 끝이 났다. 하나님께서는 이 사건 이후 아론의 지팡이와 각 지파 지도자들의 지팡이 열두 개 위에 각각의 이름을 쓰게 하셨다. 그리고 하나님이 택하신 아론의 지팡이에게서만 싹이 나게 하셨다. 지성소 증거궤 앞에 이 지팡이를 대대로 놓으라 명하신 것이다(민 17:1~11).

모세도 허물이 많은 사람이었다. 처음 하나님께서 애굽으로 보낸다고 했을 때 어지간히도 하나님의 말씀을 의심하고 거역했던 사람이다. 친인척을 동원했고, 구스 여인을 취했다. 사람들은 완벽한 영웅 모세를 그리지만 성경은 그렇게 그리지 않는다. 그의 지극히 평범한, 어쩌면 나약한 인간의 모습을 그대로 드러낸다. 허물이 있던 주의 종이었지만 하나님께서는 그를 들어 사용하셨다. 때로는 못마땅하고, 마음을 뒤엎고 싶을지라도 권위를 인정해야 한다. 모세에 대한 권한은 하나님의 몫이기 때문이다.

어느 작은 개척교회의 사모님이 있었다. 처음에 개척하고 너무 힘드니까 목사님이 통 무능해 보였다. 그러니 계속해서 이렇게 어려운 환경에서 벗어나지 못한다고 여겼다. 속으로 계속 목사님을 멸시했다. 사실 목사를 가장 가까운 곳에서 보는 게 사모 아닌가?

'아, 내가 목사와 결혼한 게 아니라 속은 것 같다.'

'하나님, 우리 남편은 기도도 잘 안 하는 것 같아요. 설교 준비도 잘 안 하고, 전도도 잘 안 하고, 도무지 목사 같지가 않아요.'

남편 목사를 위해 기도하기는커녕 도리어 속으로 계속해서 무시하고 멸시했다. 교회는 점점 더 어려워져 갔다. 개척 1년이 지나도록 성도는 다섯 명이 전부였다. 결국 목사님은 신용 불량자가 되었고 교회는 문을 닫게 되었다. 맨날 부부싸움을 했다. 드디어 이혼까지 결심할 지경에 이르렀다. 가정은 파탄 나기 일보직전이었다. 사모님이 생각해 보니 너무 억울하다는 생각이 들더란다.

'하나님, 남편 하나 믿고 믿음으로 결혼했는데, 저의 가정은 이제 다 망하게 생겼습니다. 어떻게 해야 할까요?'

마지막으로 가정법원에 가기 전에 목숨을 내놓고 기도라도 해야겠다고 결심하고 금식하며 작정기도에 돌입했다. 성경도 읽으면서 말씀에 의지하여 기도하기 시작했다. 일주일도 안 되어서 성경을 일독했고, 기도를 하면 할수록 자꾸 남편이 불쌍하다는 생각이 들기 시작했다고 한다. 10일째 되는 날, 기도 중에 응답이 왔다.

'내 종을 왜 자꾸 네가 뭐라고 하냐? 내 종을 위해 기도하라!'

믿음은 바라는 것들의 실상이다(히 11:1). 남편 목사를 향해 부정적인 생각과 사고로 퍼부으니 결국 바라는 대로 교회가 문을 닫게 되고 가정은 풍전등화가 된 것이다. 생각을 바꾸고 철저히 남편 목사님을 세우며 기도하기 시작한 결과 다시 지하교회에서 시작할 수 있었고, 물론 가정도 깨어지지 않았다. 목사님은 신용 불량을 회복했고, 하나님의 은혜로 기적적으로 2층 교회로 올라올 수 있었다. 하나님께서는 사모님에게 예언하는 은사와 꿈을 해석하는 은혜, 그리고 중보기도하는 은혜를 주셔서 이 교회를 찾아오는 절망의 사람들에게 희망의 메시지를 전하는 교회로 탈바꿈하게 되었다. 아직도 그분은 하루에 열여섯 시간씩 말씀 읽고 기도하며 중보하고 있다.

목사는 유리집에서 산다. 밖에서 너무 잘 보인다. 바깥에서 매의 눈으로 쳐다보기에 공격받기도 쉽고 허물도 많이 보일지도 모른다. 신부나 승려처럼 유니폼이 있는 것도 아니다. 결혼도 하고 가정도 이룬다. 겉으로 볼 때 거룩해 보이지도 딱히 다른 사람처럼 보이지도 않는다. 하지만 기억해야 한다. 하나님께서는 목회자를 통해 교회를 이끌어 가기를 원하시고 축복의 통로가 되기를 원하신다. 그래서 목사를 함부로 무시해서는 안 되는 것이다. 목사를 무시하고, 선생님을 무시하고, 부모님을 무시하는 모든 행위는 전염성이 강하다. 목사를 무시하는 사람이 하나님을 두려워하겠는가? 선생님을 무시하는 학생이 부모라고 존경하고 두려워하겠는가? 부모를 무시하는 자식이, 대통령과 위정자들을 존경하겠는가?

하나님의 편에 선다는 것은 권위를 인정한다는 말과도 같다. 이방인 중에 예수님을 감동시킨 백부장이 있다. 자기 하인의 병을 고치기 위해 예수님께 나온 사람이다. "저희 집에 감히 모실 수 없습니다. 저도 군대에 있어서 명령을 하면 부하들이 즉각 행합니다. 예수님께서 명령만 하시면 제 종이 나을 것입니다. 말씀만 하옵소서!" 예수님이 감탄했다. 백부장은 권위의 원리, 하나님 편에 서는 영적인 원리를 꿰고 있었기 때문이다.

지금이 바로 하나님 편에 설 때이다. 권위에 순복할 때이다!

다른 눈치 보지 말고 하나님 눈치만 봐라

가는 교회마다 부흥이 안 되서 힘들어하는 교회들은 가만히 살펴보면 인본주의에 빠진 모습이 보인다. 무슨 기묘하고 특별한 방법만을 찾는다. 뭔가 새로운 노하우를 습득하면 부흥할 수 있다는 착각에 빠져 있다. 그래서 우리 교회만 오면 묻는다.

"목사님, 뭔가 새로운 전도 프로그램이 있나요?"

"목사님, 교회의 부흥 노하우를 배우기 위해 먼 길 왔습니다. 제발 가르쳐 주세요!"

"없어요, 그런 거 없습니다."

마태복음 26장 39절에 보면 겟세마네 동산의 기도가 나온다.

조금 나아가사 얼굴을 땅에 대시고 엎드려 기도하여 가라사대 내

아버지여 만일 할 만하시거든 이 잔을 내게서 지나가게 하옵소서 그러나 나의 원대로 마옵시고 아버지의 원대로 하옵소서 하시고

피해 가기보다는 아버지의 뜻을 먼저 구했다.

비바람이 칠 때 전도를 나갈 때가 있다. 전도지는 젖고, 지나가는 사람들도 받지 않고 피해 간다. 당연히 우산 든 손에 받을 손도 없고 비 피하기도 바쁜데 누가 전도지를 받겠는가? 성도 열 명으로 개척을 시작해서 지금은 1만 명의 성도가 모이는 교회로 성장시킨 세계로 금란교회 주성민 목사님은 정말 나를 기죽게 만든다. 산골짜기에 있는 땅을 사서 교회를 건축할 때, 한겨울에는 영하 20도까지 내려가서 차가 시동이 걸리지 않아 주차장에 비닐하우스를 만들어 놓을 정도였다고 한다. 그런데 놀랍게도 영하 20도인 날에도 시내 나가서 전도를 했단다. 폭우가 쏟아지는 험한 날씨에 사람들이 빠른걸음으로 집으로 향하는 대로에서도 복음을 외치며 전도지를 나누어 준다. 효율성 제로다. 미친 짓이다. 하지만 전도하면서 효과가 있을까를 먼저 생각하기보다는 '하나님은 분명 기뻐하실 거야'란 생각을 먼저 했기에 그 추운 날 전도를 나간 것이다. 하나님께서 감동하시는데 교회가 부흥이 안 될 리가 있겠는가?

자그마한 교회 목사님이 우리 교회에 와서 상담을 요청하셨다. 이런저런 이야기를 나누다가 다짜고짜 내가 질문했다.

"목사님, 잘 들었는데요, 정말 하나님의 뜻대로 말씀을 전하셨습니까?"

"네?"

"하나님의 말씀을 성도들의 눈치 보지 않고 전하셨습니까?

갑자기 눈물을 흘리기 시작하셨다.

"목사님, 죄송합니다. 제가 사실은 성도들 눈치만 보면서 말씀을 증거했습니다."

한동안 울음이 계속됐다.

"울지 마세요, 목사님. 진정하시고요, 이제부터 시작하시면 됩니다."

"사실 올해까지만 목회하고 다 끝내려고 했습니다. 너무도 힘들게 하루하루를 지내 왔습니다. 목사님 말씀을 들었으니 다시 해 보겠습니다."

그 뒤로 까맣게 잊고 지내고 있었다. 2주 정도 지났을까? 목사님에게서 흥분된 목소리로 전화가 왔다.

"목사님, 우리 교회가 변했어요!"

"할렐루야! 반가워요, 목사님."

"말씀대로 성도들 눈치 보지 않고 하나님 눈치 보면서 말씀을 증거했습니다. 그랬더니 성도들 눈빛이 달라지더라고요, 인본주의적인 생각에서 하나님 중심의 신본주의로 저부터 바뀌니까 성도들도 바뀌더라고요!"

"목사님, 도리어 제가 더 힘이 나네요."

이런 전화를 받으면 머리가 복잡하고 힘들다가도 단 한 방에 해결된다. 힘이 된다. 마치 천 년 묵은 산삼 한 뿌리를 앉은 자리에서 다 씹어 먹은 기분이다. 단 2주 만에 교회가 바뀌었단다. 전도하자고 하면 핑계만 대고 이리저리 안 나오던 성도들도 나오기 시작하면서 출석 교인도 확 늘었다고 하였다.

성경에 나오는 철저한 인본주의자는 놀랍게도 믿음의 조상 아브라함의 조카 롯이다. 먼저 자신에게 좋은 편을 철저히 계산해 찾아 먹었다. 아브라함은 안중에도 없다. 약삭빠르게 먼저 선택한다. 그러나 다시 보라, 아브라함이 인본주의자 롯과 결별한 순간 하나님께서 약속의 말씀을 쏟아부어 주신다. 비로소 아브라함이 단을 쌓고 예배를 드린다.

롯이 아브람을 떠난 후에 여호와께서 아브람에게 이르시되 너는 눈을 들어 너 있는 곳에서 동서남북을 바라보라 보이는 땅을 내가 너와 네 자손에게 주리니 영원히 이르리라 내가 네 자손으로 땅의 티끌 같게 하리니 사람이 땅의 티끌을 능히 셀 수 있을진대 네 자손도 세리라 너는 일어나 그 땅을 종과 횡으로 행하여 보라 내가 그것을 네게 주리라 이에 아브람이 장막을 옮겨 헤브론에 있는 마므레 상수리 수풀에 이르러 거하며 거기서 여호와를 위하여 단을 쌓았더라(창 13:14~18)

그렇다. 인본주의와 결별하고 돌아서라. 신본주의로 돌아와야 한다. 하나님 중심으로 생각하고 움직여야 한다. 하나님 중심으로 살라, 하나님을 감동시켜라. 내 생의 봄날은 반드시 온다. 전도! 반드시 된다.

전도! 그게 최선입니까?

　승리하는 인생은 달라도 확실히 다르다. 뭔가 특별함이 있다. 현빈이 한 유명한 대사가 있다. "이게 최선입니까?" 뭔가 이 말을 들으면 원점부터 다시 돌아보게 되지 않는가? 성공하고 승리하는 인생은 다르다. 울산에서 처음 개척을 하고 삽을 떴을 때, 사람들이 비웃었다. 1,000명 교회를 만들겠다고 하니 비웃었다.
　"목사님, 될 법이나 한 소린가요? 허허허."
　심지어 믿음이 있어야 하는 선배 목사님까지 충고했다.
　"허허, 안 목사. 내가 그 지역을 잘 알아, 젊은 혈기에 용기는 가상하지만 안 돼!"
　더 자극이 되어 울산 최초의 1만 명 교회를 세운다고 하자, 교인들이 어이없어하며 웃는다.

"목사님, 열심히는 할게요. 하지만 1만 명은 좀 심하신 거 같아요, 이 시골에서…."

꼭 부산 세계로교회 손현보 목사님 간증에 나오는 내용과 정확히 일치해서 놀랐다.

'그렇다. 저 간증과 내 귀에 들려오는 저 소리가 정확하게 싱크로율 100퍼센트다. 그렇다면 결론은 하나다. 우리 교회도 틀림없이 부흥한다!'

하나님께서 하시면 가능하다. 된다. 할 수 있다. 비전을 보았기에 가능한 것이다. 부흥이 끝날 때는 언제인가? 바로 최선을 다했다고 스스로 판단했을 때이다.

사무엘상 17장 40절에 보면 다윗이 사울과 싸우기 위해 갑옷과 칼을 버리고 대신에 자신이 평소에 하던 복장 그대로 익숙히 쓰던 물매와 매끄러운 돌 다섯을 골라 가지고 나아가는 것을 본다.

손에 막대기를 가지고 시내에서 매끄러운 돌 다섯을 골라서 자기 목자의 제구 곧 주머니에 넣고 손에 물매를 가지고 블레셋 사람에게도 나아가니라 (삼상 17:40)

왜 다섯 개를 가져갔을까? 하나를 던져 실패했을 경우를 대비한 것일까? 성경을 많이 읽고 묵상하다 보니 답이 나왔다. 사무엘하 21장을 보면 그 이유를 알 수 있다.

골리앗을 제외한 네 명의 거인족이 있었다. 모두 다윗과 다윗의 부하들의 손에 의해 나중에 모두 죽었다. 최홍만의 키가 2미터 17센티미터라고 한다. 어디를 가나 눈에 확 띄는 키다. 직접 보면 그 키가 어느 정도인지 실감이 난다. 골리앗은 3미터가 넘었다. 다윗이 전쟁에 나갔을 때 보았던 것은 골리앗뿐이 아니었을 것이다. 그와 함께 있던 네 명의 거인족도 보았을 것이다. 다윗은 골리앗뿐만 아니라 나머지 거인 네 명을 염두에 두고 물맷돌 다섯 개를 준비했다. 최선에 최선을 다한 것이다.

2002년 월드컵이 한창일 때 본선에서 최초로 1승을 올렸다. 승리는 계속됐다. 히딩크는 "I am steel hungry."란 말로 대신했다. 여전히 승리에 배고프다! 아직도 최선을 더 해야 한다는 말이었다. 하지만 국민들은 4강에 오르자 자축하며 언론 보도들조차 이만하면 됐다는 식의 보도를 했다. 최선이 끝난 것이다. 거기서 끝나고 말했다. 최선은 계속되는 것이다. 중간에 이만하면 최선을 다했지 하는 순간 최선은 막을 내린다.

익히 기독교 방송을 통해서나 만났던 임제택 목사님을 집회 때 처음 실제로 만났는데 마치 친형님을 만난 것처럼 반가웠다. 그 뒤로 친해져 이제는 형님 아우 지간으로 아주 잘 지낸다. 그분은 나보다 훨씬 큰 교회, 큰 목회를 하시는 분이지만 항상 겸손함을 잃지 않으려 하시며 늘 주님만이 대화의 주제이다.

재적 성도만 2만 명이 넘는 부산 포도원교회 김문훈 목사님도 겸손함과 열정에서 나에게 큰 도전과 충격을 주신 분이다. 처음 세미나 때에도 유심히 살펴보니 아무리 작은 교회 목사님들의 간증이라 할지라도 열심히 청종하며 수첩에 끊임없이 메모하시는 것이었다. 저렇게 큰 목사님도 항상 배우고 은혜를 찾는 모습에 존경을 넘어 감동을 받았다.

한번은 우리 교회를 와서 죽 세심히 보시더니 벽에 붙어 있는 표어를 수첩에 적고 계셨다. "저 표어는 어디서 주워 베꼈나?" 하시며 말이다.

항상 최선에 최선을 다하고 현재의 노력에 만족하지 아니하고 도전하고 배우려는 그 겸손함과 열정이 바로 영적 대가의 비결임이 틀림없다.

주성민 목사님은 하나님의 은혜로 7년 만에 1만 명의 교인이 예배하는 교회를 만들었다. 우리 교회와 비슷한 시기에 개척했다. 일산에서 1만 명은 울산에서 1000명과 같다고 한다. 1994년 12월 24일, 무슨 날인가 싶은데 실은 니가 아무것도 모르는 철부지 시절에 싸움을 좀 할 때 유일하게 진 날이다. 그전까지는 싸움에서 진 적이 없다. 그때 난 상처가 내 눈썹에 남은 상처다. 그거와는 싸움의 질이 다르지만 주성민 목사님을 보니 졌다는 생각이 들었다. 실로 오랜만에 누군가에게 패배의 쓴 맛을 보았다. 헌신된 기드온의 300용사 같은 성도가 150명이 있다고 한다. 150명이 1만 명을 이끌어 간다고 했다. 그날 눈물을 흘리며 도전받았다.

'여기서 만족하지 말고 시골에서 알아주는 교회가 아니라 정말 주성민 목사님처럼 세계를 깨울 교회와 성도로 양육하자! 나도 그런 주

의 종이 되자!'

일전에 안산 행복한교회에 갔다. 성도 약 20명이 모이는 자그마한 개척교회였다. 1층에서 노인요양복지센터를 하면서 부채와 이자를 겨우 감당하고 있었다. 젊은 목사님이 아니셨다. 60세가 넘으신 노부부가 그 교회를 부흥시키겠다고 나를 초청하신 것이다. 하지만 나는 굴하지 않고 최선을 다해 메시지를 증거했다. 사람의 적고 많음이 아니라 믿음의 충만함을 보고 증거했다. 눈물이 나도록 쏟아부었다. 목사님과 성도들은 큰 은혜를 받으셨다. 집회를 마치고 내려가려는데 목사님께서 내 손을 꼭 붙잡고는 이렇게 말씀하셨다.

"목사님, 이제 노인요양복지센터를 그만두려고 합니다."
"아니, 왜요? 목사님, 그럼 생활은 어떻게 하시려고요?"
"아니에요, 목사님. 제가 그동안 세상의 줄을 잡고 있어서 하나님께서 더 이상 교회를 부흥시켜 주시지 않는다는 것을 말씀을 통해 깨달았습니다."

집회가 끝나고 차로 내려오는데 문득 우리 부모님이 생각났다. 우리 부모님처럼 은퇴하셔서 이젠 좀 쉬면서 안락하고 편안한 삶을 사셔야 하는 나이임에도 교회를 부흥시키겠다고, 믿음으로 모든 것을 다 내려놓겠다고 하셨던 목사님의 말씀이 떠올라 눈물이 핑 돌았다. 아들 같은 젊은 목사에게 너무 많이 배우고 깨달았다고 눈물을 흘리시며 이제부터 더욱 믿음으로 살겠다고 하셨다. 차에서 내려오는 내내 울었다. 그리고 내가 도리어 큰 은혜와 도전을 받았다.

"그래, 이게 최선이 아니다. 아직 더 최선을 다해야 한다! 이제 시작이다!"

축복의 한계도 부서져야 한다. 은혜의 한계도 부서지고, 기쁨의 한계도 부서져야 더 큰 기쁨이 온다. 아버지께도 말씀드렸다.

"아버지, 제가 아버지보다 더 큰 목사가 되겠습니다."

"오냐, 그래라!"

아버지가 더 기뻐하셨다.

지금처럼만 하면 지금만큼만 된다.

오늘 나의 최선에 만족하면 현실을 살지만 지금의 최선에 만족하지 않는 순간 우리는 기적을 살게 된다.

런던 올림픽 유도 금메달리스트 김재범의 인터뷰에서 나는 강한 도전을 받았다.

"베이징 올림픽에서는 죽기 살기로 했거든요 그랬더니 은메달을 따더라고요. 그래서 이번 올림픽을 준비하면서는 그냥 죽기로 했어요. 그랬더니 금메달이 제 목에 걸려 있네요."

그렇다. 지금도 최선을 다한 삶이겠지만 그 최선에 만족하지 않고 최선의 한계를 깨뜨려야 더 큰 영광이 있는 것이다. 많은 그리스도인들이 믿음에 대해서 오해하는 것이 나는 가만히 있는데 결과만 바뀌고 대박 나는 것을 바란다. 그것을 의심하지 않는 것이 큰 믿음인 양 착각한다. 하지만 그것은 믿음이 아니라 '도둑놈 심보'다. X 값이 달라져야 Y 값이 달라지지 않겠는가?

반응이 달라져야 결과가 달라지는 법이다. 무를 심어놓고 '인삼이 나올 줄 믿습니다. 주여!' 하고 기도하는 것이 믿음이 아니다. 인삼이 나올 만한 오늘의 씨앗을 눈물로 뿌리는 것이 참다운 신앙이 아니겠는가?

믿음의 대가를 만나면서 뼈저리게 느끼는 것이 있다.
'이게 최선이 아니었구나!'
인간이 성장하고 발전하는 것은, 기적이 일어나는 원동력은 바로 지금 내가 최선이 아니었던 것을 깨달을 때 시작되는 것이다. 성경에 나오는 갈렙은 유일하게 출애굽해서 가나안 땅에 들어간 두 명 중 한 명이었다. 가나안 땅에 들어간 두 명은 지도자 여호수아와 갈렙뿐이었다. 난공불락의 거인족 아낙자손이 정복한 가나안 땅을 보고 85세의 노인이 "주여! 저 산지를 내게 주옵소서!"라고 외쳤다.
이제 "이게 최선입니다." 하는 주장과 변명을 버려야 한다. "울산 땅을 내게 주옵소서! 이 민족, 이 나라를 내게 주옵소서!" 지금의 섬김, 지금의 드림, 지금의 헌신에 만족하지 말고 최선의 최선을 다해야 한다. 최선의 한계를 끊임없이 깨고 나가는 신앙이 될 때 한국 교회에 희망이 되고, 소망이 될 것이다!

내가 집회 간 교회 중에 지금도 가족처럼 지내며 사랑하는 교회와 목사님이 있다. 순천에 있는 덕흥교회 송은석 목사님이다. 여러번 반복된 분열의 상처를 안고 있는 교회에 담임목사로 오셔서 5년여 동안 헌신과 열정을 다하여 30여 명의 교회를 50명 가까이 부흥시켰다. 그런데 2년 전부터 성장이 멈추고 좀처럼 전도가 되지 않았다. 주변의 많은 목사님들이 위로했다.

'그 정도면 대단히 선전한 것이다.'

'천천히 쉬어 가며 하라. 목회 평생 할 건데….'

송 목사님에겐 그 말들이 전혀 위로가 되지 않았고 죽고 싶을 정도로 답답하고 지쳐 있었다. 그러다 우연히 다른 목사님들과의 대화 중에 '안호성 목사 전도집회' 이야기를 듣고 곧바로 그 자리에서 전화해 집회가 성사 되었다. 일정이 안 돼서 2012년 11월 마지막 주 목요일과 금요일 이틀간 집회를 했는데 금요일 12시 다 돼서 집회가 끝나고 주보를 보니 일 년 내내 전 성도가 전도한 숫자가 4명이었다.

그러나 드디어 기적은 시작되었다. 집회 때 목사님, 사모님, 장로님, 성도들이 모두 은혜를 받고 토요일 단 하루만에 27명을 전도해 주일 날 등록시키는 기염을 토했고 6개월 만에 다시 찾은 두 번째 집회때 보니 이제 장년 80여 명, 주일학교 40여 명, 청소년 15명, 청년 7~8명으로 건강하게 부흥해 있었다. 목사님은 지금도 만날 때마다 감격하며 눈물을 글썽이며 말씀하신다.

"목사님, 그때는 정말 목사만 아니었으면 자살하고 싶을 정도로 한계에 막혀 힘들었어요. "그런데 안호성 목사님을 만나고 집회 때 은혜를 받아 한계를 깨뜨리게 되었어요. "가장 감사한 것은 그때 제가 나름대로의 최선에 만족하려 하였을 때 나의 최선에 만족하지 않을 수 있게 해 주신 것입니다! "

지금도 송 목사님은 매일같이 동네 아이들을 교회 차로 등하교시키시는 봉사로 지역 주민들의 마음을 열어 가며 사모님과 함께 열심히 목회하고 계신다. 지치고 열정이 떨어지려 하면 만나서 서로에게 전도의 열정을 충전받는 귀한 사이가 되었다.

최선에 만족하지 않는 것! 이것이 기적의 첫 발걸음이다!

기적을 꿈꾼다면 기적에 걸맞는 '자기 혁신', '자기 깨어짐'이 필요하다. 오늘처럼 살면 오늘같은 내일이 오는 것이 자명하기 때문이다.

한번은 집회에 가서 참치 횟집에 들렀는데 데코레이션으로 깔려 있는 무 새싹을 씹어 먹어 보곤 깜짝 놀랐다. 실처럼 가느다란 무 싹에서 이미 무 맛이 나는 것이었다. 생긴 것도 다르고 크기도 미약한데 이미 싹부터 무 맛을 품고 있는 것이다. 오늘을 보면 내일이 보인다. 오늘의 삶이 바로 내일의 결과다. 지금보다 더 크고 위대한 내일을 원한다면 지금보다 더 큰 희생과 위대한 결단의 오늘을 살라!

강점의 물맷돌을 집어 들고 던져라

✝

다윗은 당장 눈앞에 있는 골리앗을 때려눕혀야만 했다. 철저히 준비하고 군사훈련을 받은 뒤에 골리앗과 싸움을 할 수도 있었겠지만 시간이 없었다. 당장, 바로 저 눈앞에서 여호와의 이름을 욕되게 하는 골리앗과의 전쟁에서 승리를 이끌어 내야만 했다. 골리앗의 룰대로, 세상의 룰대로 싸워서는 결코 감당할 수 없는 싸움이었다. 하나님의 룰, 하나님의 계획, 하나님의 방법으로 싸워야 한다. 골리앗의 눈에는 기가 막혔을 것이다. 다윗이 목동 옷차림에 물매를 들고 나왔으니 말이다.

블레셋 사람이 다윗에게 이르되 네가 나를 개로 여기고 막대기를 가지고 내게 나아왔느냐 하고 그 신들의 이름으로 다윗을 저주하고(삼상 17:43)

다윗을 본 골리앗은 '저게 나를 개로 보나?' 하고 생각했을 것이다. 다윗에게는 갑옷도 투구도 칼도 없었다.

"내가 개냐?"

골리앗을 팍 돌게 하는 능력이 믿음이다. 이제부터 룰은 골리앗의 룰에서 다윗의 룰로 바뀌었다. 자식 문제의 골리앗, 물질 문제의 골리앗, 신앙 문제의 골리앗, 사업 문제의 골리앗, 그동안 얼마나 끌려 다녔던가? 이제 이길 수 있다. 골리앗의 기대대로 움직이면 지는 거다. 다윗의 기대대로 나가야 한다.

가끔 내게도 골리앗이 찾아올 때가 있다.

'과연 내가 선언했던 대로 교회를 이끌어 나갈 수 있을까?'

하지만 다시금 다윗의 믿음이 나를 세운다.

'그래, 절망을 절망시키리라, 사망을 사망시키리라! 내가 골리앗을 끝내 버리리라!'

나는 소심하고 내성적인 편이다. 그런데 강단에만 올라가면 신이 난다. 강단에서 내려가면 말 하나 붙이기도 힘들다. 강단에서 설교할 때처럼 사람을 대하지 못한다. 내려오면 잠잠하고 수줍어하기까지 한다. 또 차를 타는 걸 천성적으로 싫어한다. 하지만 말씀 전하러 가는 길은 즐겁다. 다섯 시간, 여섯 시간 걸려도 하나도 안 힘들다. 그렇다. 나의 장점은 말씀 전하는 것이기 때문이다.

우리 교회에는 청소 잘하는 집사님이 있다. 이분이 강대상을 청소하면 광이 난다. 번쩍번쩍 빛이 난다. 다른 분이 감히 넘보지 못할 정도다.

우리 교회에는 많은 상처와 단점을 지닌 분들이 나와서 함께 예배를 드린다. 상처와 단점만 바라본다면 한숨만 나올 것이다. 하지만 우리 성도들의 반짝반짝 빛나는 장점을 바라보면 새 힘이 솟는다. 그것을 생각하면 사람이 달라 보인다.

한번은 극동방송에서 전화가 왔다. 생방송에 출연해서 진행을 하라고 한다.

'생방송? 방송에 나간 적도 없는데 생방송이라니?'

방송 순서와 시간이 나와 있는 큐시트를 PD가 주는데 안에 자세한 멘트도 있다.

"PD님, 이렇게 대사대로 해야 하나요?"

"목사님, 생방송이라 대본이 꼭 있어야 해요, 여기 있는 대로 하셔야 해요."

"전 이렇게 할 줄 몰라요. 어떡하죠? 하지만 최대한 참고할게요."

막상 On Air 불이 들어오자 큐시트고 뭐고 눈에 들어오지 않았다. 대본대로 하려고 해도 생방송이라 긴장해서 잘 안 됐다.

'이렇게 어버버버 하다가는 죽도 밥도 안 되겠다. 내 식대로 하자.'

신나게 내 모습 그대로 진행했다. PD도 웃기 시작했다. 두 시간은 순식간에 지나갔다. 방송은 그야말로 애들 말로 대박이었다. 나의 강점을 발굴해 승부한 결과다.

히딩크가 데리고 있던 2002 월드컵 때의 선수들 중에 크게 주목받지 못하던 선수가 한 명 있었다. 키가 작아 제공권 장악도 안 되고, 돌파에서도 힘이 밀리고, 경력도 거의 없는 어린 선수였다. 하지만 유일하게 이 선수가 잘하는 게 있었다. 전후반 한 시간 반 동안 공수를 오가며 달려도 지치지 않는 체력이었다. 히딩크는 생각했다.

'이 선수를 운동장에 풀어 놓으면 상대 팀들이 쫓아다니느라 지칠 것이다.'

바로 이 선수가 두 개의 심장을 가진 산소 탱크 박지성이다. 예상은 적중했다. 그는 포르투갈전에서 공수를 뒤흔들다가 결승 골을 넣었다.

우리나라의 운동부는 위계질서가 철저하다. 장유유서 개념 때문이다. 세계 1위를 해도 국가대표가 되면 선배 양말을 빨아야 한다. 히딩크는 위계질서를 먼저 깨야 팀워크를 이룰 수 있다고 생각하고 선수들끼리 이름을 부르도록 시켰다. 그때 김남일이 한 유명한 말이 있다.

"명보야, 밥 먹자."

히딩크는 위계질서보다는 팀워크를 우선시했다. 우리나라 축구팀 막내는 골키퍼, 후배는 수비, 최고 공격수는 항상 최고참이 한다. 군대도 마찬가지다. 골키퍼는 이등병, 수비는 일병, 미드필더는 상병, 스트라이커는 병장이다. 외국에서는 포지션별로 훈련시킨다. 하지만 히딩크는 독특한 한국 문화 속에서 선수들이 골키퍼부터 수비를 거쳐 공격수로 올라온 선수라는 점을 발견했다. 최종 수비수 최진철 선수가 세트 플레이 때 공격에 가담하여 두 골이나 넣을 수 있었던 것은 예전에 공격수를 한 경험 때문이다. 우리나라 선수들은 왼발, 오른발, 공격이 가능하고 공격수, 수비수 모두 할 수 있다는 것을 발견했다. 그래서 그가 개발한 것이 멀티 플레이어 전법이었다. 외국에서는 상상도 못하는 일이 우리나라에서는 가능했다. 대한민국 선수들의 강점을 발견한 것이다.

우리나라 국민들은 사치와 허영심이 강하다. 핸드폰도 10년 넘도록 쓰는 사람이 없다. 외국에 나가면 아직도 2G폰 쓰는 사람들이 많다. 10년 된 벽돌 같은 휴대전화를 들고 다니는 사람들이 많다. 그러나 우리나라는 1년이면 바꾼다. 약정이 걸리면 참고 있다가 1년 반 만에 위약금 물고 최신 폰으로 갈아탄다. 최신형을 안 들고 다니면 가난하거나 시대에 뒤떨어진 것으로 여긴다. 하지만 이 덕분에 우리나라는 세계 최고의 스마트폰 강국이 되었다. 세계적인 IT 강국인 미국도 혀를 내두를 정도다. 미국의 아이폰도 삼성의 속도를 쫓기에 여념이 없다. 삼성 로고가 새겨진 스마트폰은 외국에서는 부의 상징으로 통한다.

베드로전서 5장 2~3절에 따르면 '너희 중에 있는 하나님의 양 무리를 치되 부득이함으로 하지 말고 오직 하나님의 뜻을 좇아 자원함으로 하며 더러운 이를 위하여 하지 말고 오직 즐거운 뜻으로 하며 맡기운 자들에게 주장하는 자세를 하지 말고 오직 양 무리의 본이 되라'고 말씀하신다. '오직 즐거운 뜻으로' 하라고 하신다. 자신의 강점을 가지고 일하라는 말이다.

강점을 이제 풀어 열 때이다. 단점을 보완하다가 시간을 다 허비하는 것이 아니라 장점을 개발하고 강점의 물맷돌을 집어 들고 던져야 하는 것이다.

비난, 들으니까 성도다

†

사람은 누구나 승리하고 싶어 한다. 인생에 있어서만큼은 성공하기를 원한다. 그러나 승리하고 성공하는 사람은 많지 않다. 왜 그럴까? 승리하는 인생에게는 특별함이 있기 때문이다. 사무엘상 17장에는 다윗과 골리앗의 대결이 이어지고 있다. 영적 골리앗, 상황의 골리앗, 물질 문제의 골리앗, 자녀 문제의 골리앗, 사업 문제의 골리앗을 만나면 사람은 두 가지 중 하나로 반응한다. 비난을 먼저 듣거나, 비전의 음성을 듣거나이다. 승리하는 인생은 특별함이 있다. 다윗은 비난의 소리를 듣지 않고 비전의 음성을 들은 사람이다.

교회 안에서 봉사하고, 헌신하고, 전도하려고 하면 꼭 부정적인 말로 사기를 꺾는 사람들이 있다. 교회에서 전도 축제 하자고 하면 반대하는 사람들이 있다.

"그런 거 해서 뭐합니까? 재정만 낭비하고요, 피곤해요. 몇 사람이나 등록한다고요. 효과나 있나요?"

교회 건축을 하려고 해도 꼭 부정적인 사람들이 있다. 성도들은 늘어나고 예배 시간에 앉을 자리도 없는데 말이다.

"그런 거 해서 뭐해요. 있는 성도들 관리나 잘하세요. 돈도 없는데 빚을 내서 건축을 꼭 해야 합니까?"

처음에 100명 즈음 성도가 모였을 때 "이곳에 1,000명이 모이는 교회를 세우겠습니다." 하는 비전을 선언했더니 사람들이 피식 웃었다. 웃는 사람들 숫자가 많았다. 200명쯤 모였을 때 다시 이야기했더니 그때는 웃는 사람이 거의 없었다. 교회가 부흥을 하니까 고춧가루들이 다 쓸려 간 것이다. 300명쯤 모였을 때 "울산 최초로 1만 명 교회를 세우겠습니다." 하고 선언하자 사람들이 여기저기서 또 피식 웃기 시작한다. 하지만 이미 나겐 하나님께서 비전을 주셨다.

김문훈 목사님의 포도원교회도 부흥했다. 고신측 최대의 교회이다. 고신측은 부흥하면 이단으로 취급하는 정서가 강했다고 했다. 어린 시절부터 고신측에서 자란 목사님은 정서적으로 큰 교회를 마음속에 품는다는 것 자체가 불가능했다. 하지만 말씀이 임하고, 비전이 임하고, 꿈이 임하자 드디어 현실이 되었다. 부흥강사 섭외 0순위로 어디를 가나 바쁘시다.

"안 목사! 나는 지금 호랑이 등에 올라탔어. 이젠 내릴 수도 없고 중간에 포기할 수도 없고, 오직 비전을 향해 달리기만 해야 해."

"목사님, 저도 그 등에 태워 주세요."

큰 그릇은 생각하는 것도 바라보는 것도 다르다. 호랑이 꼬리라도 잡고 달려야겠다는 생각을 한다.

오늘, 울산온양순복음교회가 있기까지는 뼈를 갈아 넣는 아픔과, 오장육부 심장까지 다 터질 듯한 헌신이 있었기에 가능했다. 사람들은 거저 된 줄 생각한다. 비전을 이루는 현실은 과정이 다르기 마련이다. 다윗도 왕이 될 때까지 사울에게 쫓기며, 생존의 위협을 받으며 젊은 날을 보냈다. 하지만 인내로써 하나님의 때를 기다렸다. 비전을 이룰 때까지 꿈이 이루어질 때까지 중단하지 않고 포기하지 않았다.

항상 좋은 일을 하려고 하면 반대와 비난이 많다. 술 담배를 끊으려고 해도 비난을 듣는다. 오늘부터 금연한다고 하면 담배 피우는 사람들이 껌이랑 은단 사 주는 줄 아는가? 옆에서 담배 연기를 뿜어 대며 약 올린다.

"아이고, 그러세요. 담배 끊으셔서 오래오래 사세요, 벽에 똥칠할 때까지 장수하세요."

이것도 안 통하면 강의를 시작한다.

"의사 선생님이 그러는데, 암의 근본 원인이 스트레스란다. 너 금연하면서 받는 스트레스 때문에 암 걸린다!"

이렇게까지 하는 게 악한 고춧가루들의 본성이다. 그것을 이겨 넘기면 신앙에서 승리하는 것이다.

환호와 박수 속에 일하려고 하지 말아야 한다. 아무런 비난과 고통, 조롱 없이 하나님의 위대한 일을 하려고 하면 안 된다. 비난과 조롱이 많을수록 그리스도인은 이렇게 생각해야 한다.

'아, 하나님께서 나를 크게 쓰시려는구나! 나를 많이 인정해 주시는구나!'

교회가 전진해 나가지 않는 이유들 중 하나가, 엘리압과 싸우다가 끝난다. 사울과 싸운다. 브닌나와 싸우다가 종친다.

우리의 상대는 우리 내부에 있는 사람들이 아니다. 외부의 적과 싸워야 하는 것이다. 사무엘상 16장 13절에 보면 '사무엘이 기름 뿔병을 가져다가 그의 형제 중에서 그에게 부었더니 이 날 이후로 다윗이 여호와의 영에게 크게 감동되니라 사무엘이 떠나서 라마로 가니라' 라고 기록되어 있다. 다윗은 골리앗을 만나기 전 이미 성령으로 충만해진 상태였다. 하나님이 함께하는 사람은 주의의 비난에 굴하지 않고 하나님의 비전을 본다. 이것이 승리의 가장 큰 이유였다. 사울과 엘리압은 비전을 보지 못했다. 그러나 다윗은 비전을 보았다. 하나님께서 크게 쓰는 성도, 크게 쓰는 교회, 크게 쓰는 목사는 하나님의 말씀, 비전을 바라보고 전진하는 자이다.

부부싸움을 하지 않는 최고의 비법이 뭔지 아는가? 그것은 결혼을 안 하는 거다. 교회에서 가만히 있으면 아무도 건들지 않는다. 봉사도 충성도 헌신도 아무것도 안 하면 그 누구도 뭐라고 하는 사람이 없다. 1년이 가고, 10년이 가도 새신자처럼 행동하면 교회 가서 대접받는다. 목사와 성도들이 전전긍긍하며 그 사람을 섬겨야 하기 때문이다. 교회는 세상 조직과 달라서 모든 시스템이 은혜 못 받은 자가 왕이 되는 시스템이다. 은혜받은 자가 은혜 못 받은 인생을 섬길 수밖에 없다. 하지만 제일 불쌍한 사람이다. 김문훈 목사님은 '제일 나쁜 놈은 가만히 있는 놈이다'라고 했다. 가만있으면 누구 말대로 중간은 할지 모른다. 하지만 하나님께서는 죽도록 충성하라고 하신다.[5] 뜨겁든지 하라고 하신다.[6] 하나님은 우리가 성장하기를 원하시고 그리스도의 장성한 분량이 이르도록 자라나기를 원하신다.

지금 비난의 음성이 들리는가! 그렇다! 바로 지금 하나님께서 당신을 크게 사용하시고 있다는 증거다. 비전의 음성이 들리는가! 그렇다! 지금 하나님께서 역사하시고 인도하신다는 강력한 증거다!

---

[5] 네가 죽도록 충성하라 그리하면 내가 생명의 면류관을 네게 주리라 -계 2:10下-
[6] 라오디게아 교회의 사자에게 편지하라 아멘이시요 충성되고 참된 증인이시요 하나님의 창조의 근본이신 이가 이르시되 내가 네 행위를 아노니 네가 차지도 아니하고 뜨겁지도 아니하도다 네가 차든지 뜨겁든지 하기를 원하노라 -계 3:14~15-

감사합니다! 감사합니다!

†

　인생은 싸움터이다. 광야처럼 탐탁한 곳이 아니다. 레드 카펫을 밟으며 여기저기서 터지는 플래시 속에서 씩 웃으며 인사하는 곳이 아니다. 때로는 절망하게 만들고 포기하게 만든다. 일상 중에 어디 하나 쉽게 설렁설렁 넘어간 적이 몇 번이나 될까?
　가도 가도 끝이 안 보이는 사막, 풀 한 포기도 없는 광야에는 전갈도, 불뱀도 있다. 타는 듯한 목마름과 쓴물도 있고, 만나와 메추라기로만 버텨야 할 때도 있다. 먼저 인생에서 승리하고자 한다면 긍정의 검을 뽑아야 한다. 시간이 지나고 신앙생활도 반복되다 보니 터득한 법칙이 있다. 어떤 상황에서도 긍정을 반드시 먼저 선택해야 한다는 것이다.
　"긍정을 선택하는 것도 훈련이다."

생각이 지면 이미 싸움에서 진 것이다. 우리가 인생에서 골리앗 같은 해결 불가능한 문제를 만났을 때 자신의 머리를 의지하면 그에 걸맞은 부정적인 답만이 나온다.

인디언들 사이에서 할아버지가 손주에게 해 주는 이야기가 있다.

"너의 마음속에는 항상 두 마리 늑대가 뒤엉켜 싸우고 있단다. 한 마리는 항상 긍정적이고 소망적인 생각을 하게 하는 흰 늑대고 다른 한 마리는 항상 부정적이고 비판적인 생각을 하게 만드는 검은 늑대란다. 이 두 마리 늑대의 싸움이 바로 우리 생각 속에서 일어나고 있지."

"맞아요, 할아버지 정말 그런거 같애요."

"얘야, 네 생각에는 이 싸움에서 누가 이기겠니?"

"흰 늑대가 이기지 않을까요?"

"아니다."

"그럼 검은 늑대가 이기나요?"

"아니란다. 네가 이제부터 밥을 많이 주는 늑대가 이긴단다."

심오한 이야기다. 누구에게 밥을 주는가? 흰 늑대에게 밥을 주고 있는가? 검은 늑대에게 밥을 주고 있는가? 오늘 나의 생각이 바로 두 마리 늑대 중 어느 한 마리에게 주는 밥이 된다. 나의 생각이 그래서 중요하다! 내 삶의 미래를 결정짓는 중대한 선택이 되기 때문이다. 그래서 우리는 '생각을 너무 쉽게 생각해서는 안된다.'

하루는 우리 교회에서 장기자랑이 열렸는데 비전팀에서 개그콘서트의 '감사합니다' 코너를 패러디했다. 나를 팔아 웃기는데 심오한 메시지가 담겨 있었다.

'감사합니다 감사합니다
우리 목사님 이마가 넓어
비누값이 많이 들어 고민했는데
샴푸값이 적게 드네
감사합니다 감사합니다.

비누값만 생각하면 젊은 애들 말대로 레알[7] 답 없다. 샴푸값을 생각해 보라! 발상의 전환이지 않는가!
우리 교회는 매주 뭔가를 한다. 한 집사님이 투정 어린 푸념을 한다.
"목사님, 우리 교회는 매주 한 번도 쉰 적이 없어요."
"집사님, 이번 주가 매우 중요한 주입니다."
"무슨 큰일이 있어요?"
"매주가 큰일이고 중요한 주일이죠!"
"이번 달에 뭐 큰 행사 하신다면서요?"
"이번 달은 우리 교회 창립 이래 역사적으로 가장 중요한 달이에요. 잘 준비하세요."
뭐, 사실 남들이 볼 때 그렇게 대단한 일은 없다. 매주 매주를 중요하게 생각하고 매달 매달을 소중히 생각한다. 뭐를 하든 최선을 다해서 한다. 그 일이 크든지 작든지 상관없이 말이다.
우유 통에 쥐가 빠졌다. 가만있으면 곧 빠져 죽을 판이었다. 쥐는 이래 죽으나 저래 죽으나 발버둥을 쳤다. 그랬더니 발에 뭔가가 밟히

---

7) 'real'의 우리말화 된 말. '정말', '진짜'의 강조어.

는 것이었다. 치즈가 만들어진 것이다. 계속 발버둥 치다가 커다란 치즈를 만든 쥐가 결국 우유 통을 빠져나왔다는 이야기처럼 우리 교회도 매주 발버둥 친다. 매주 이번이 마지막인 것처럼 열심을 낸다.

드디어 전도부흥사가 되다

†

　나는 할 수만 있으면 어디서든 말씀을 증거하려고 한다. 한번은 장로님께 큰 트럭 탑차라도 사서 해운대 해수욕장, 광안리 해수욕장에서 설교를 해야겠다고 한 적도 있다. 말씀을 너무너무 증거하고 싶은데 불러 주는데도 없고, 내가 연락해서 가야겠다고 하기도 뻘쭘하고 그렇게 지냈는데, 2012년 우리 교회에 최대의 부흥의 순간이 오고 위기의 순간을 극복하자 여기저기서 나를 불러 주기 시작했다.

　말씀을 증거해 달라는 요청 전화가 왔기에 무조건 OK하고 진주에 갔다. 진주는 경상도로 복음화율이 울산처럼 매우 낮은 곳이다. 그 교회 목사님을 만나자마자 하시는 말씀이 이러했다.

　"목사님, 진주는 너무너무 힘든 곳이에요."

　초짜라 예정 시간보다 일찍 갔다. 너무도 일찍 갔다. 한 시간 반을 먼저 갔더니 집회 시작하기 전에 부정적인 이야기를 먼저 꺼내시는 거다.

"이곳은 불교가 거의 대부분입니다. 기독교는 발붙이지 못해요. 복음화율이 채 3퍼센트도 안되니 교회에 대한 반감이 큽니다."

"전도하려고 하면 아예 전도지도 안 받습니다."

"제가 오랫동안 전도했지만 안 됐어요."

한 시간 반 동안 왜 전도가 안 되는지, 부흥이 안 되는지에 대한 장황한 설명을 들었다.

'아, 시간에 맞춰 갈걸.'

김문훈 목사님과 장경동 목사님이 왜 시간에 딱 맞춰 가시는지 그 이유를 알 것 같았다.

전주에서도 요청이 있어서 다음 날 갔다. 이곳 목사님은 만나자마자 이렇게 말씀하셨다.

"전주는 복음화율이 30퍼센트가 넘어요."

내심 안심했다. 이곳 목사님은 긍정적인 말을 하실 줄 알았다. 그러나 그 목사님 왈,

"그래서 전도가 너무 어려워요."

"헐~"

"복음화율이 너무 높으니 만나는 사람들마다 다 교회 다니는 사람들 뿐이에요"

이게 말인가? 막걸리인가?

미치고 환장할 노릇이다. 복음화율이 낮아도 안 되고, 높아도 안 되고, 도무지 말이 안 된다. 그럼 도대체 복음화율은 어느 정도가 되야 전도가 잘되는가?

이미 전도가 힘들다, 안된다고 생각하니까 시작부터 패배하는 것이다. 그런데 마침 대화 중에 내가 복음을 증거하고 도전을 주며 직접 찾아가 집회를 했던 작은 교회에서 전화가 왔다.

"목사님, 우리 교회가 드디어 부흥했습니다. 목사님 말씀에 도전받고 새로운 신자들이 몰려들고 있어요. 배가 부흥 정도가 아니라 4~5배 부흥했어요!"

옆에서 장황하게 부정적인 이야기만 하시던 목사님도 이 말을 같이 들었다. 순간 눈빛이 달라졌다. 나를 대하는 태도도 바뀌었다. 부정적인 상황 속에서 진주에서도 전주에서도 하나님의 말씀을 미친 듯이 증거했다. 그동안 말씀을 전하고 싶어서 쌓였던 말씀들을 다 풀어 던졌다. 하나님의 성령이 임하셨다. 성도들이 변화를 받았다. 이후에 연락이 왔다.

"목사님, 성도들이 전도하기 시작했습니다."

"할렐루야! 너무 감사합니다."

"다녀가신 지 한 달도 안 되서 교회가 배가 부흥됐습니다."

좋은 상황, 좋은 환경에서만 긍정의 마음이 생기는 것이 아니다. 르누아르라는 프랑스 화가가 있다. 19세기 후반 유일하게 희망과 소망의 메시지를 그린 화가다. 그의 두 아들은 전쟁 중에 장애자가 되어 돌아왔고, 자기 자신은 류머티즘 관절염으로 휠체어에서 생활해야 했다. 병이 점점 심해져 붓을 손에 잡지 못하게 되자 끈으로 묶어 그림을 그렸다. 하지만 그의 그림은 환희에 가득 차 있다. 환경이 그 사람의 예술 세계마저 암울하게 만드는 것이 아니다. 문제는 마음이다.

어제 샤워를 하면서 대수술 세 번에 걸쳐 생긴 칼자국과 배에 숭숭 난 구멍 자국을 봤다. 쓰러져 병원에 갈 때마다 생긴 흔적이다. 흉측했다. 몸짱 연예인들은 일부러 근육을 만들어 자랑도 하지만 나는 이미 물 건너갔다. 그러나 그 자국을 보면서 하나님의 은혜를 떠올린다. 리빙스턴이 '내 생명이 끝날 때까지 아직도 나의 사명은 끝나지 않았다'라고 한 말대로 전진해 나갈 것이다.

마가복음 9장 23절에 기록된 '예수께서 이르시되 할 수 있거든이 무슨 말이냐 믿는 자에게는 능치 못할 일이 없느니라'라는 말씀을 의지해 나가야 한다.

오늘도 실패하고 좌절하고 낙담하는 인생들에게 하나님께서 말씀하신다.

"할 수 있거든이 무슨 말이냐? 믿는 자에게는 능치 못할 일이 없느니라!"

가장 나다운 것이 세계적인 것이여!

피터 드러커는 단점을 보완하려고 하기보다는 장점을 더욱 개발하고 활용시켜 일하는 방법이 더욱 생산적이고 효율적임을 제시했다. 하지만 성경에 이미 이러한 원리가 나온다. 사무엘상 17장에 보면 다윗과 골리앗의 싸움에서 다윗은 자신의 몸에 맞지 않는 갑옷과 투구, 칼을 버리고 평소에 하던 대로 물매와 매끈한 돌 다섯 개를 들고 싸움에 나간다. 다윗은 자신에게 필요한 것이 무엇인지 잘 알았다.

승리하는 인생들은 자신이 무엇을 잘하는지 안다. 승리하는 자들은 자신의 강점을 잘 안다. 실패하는 자들은 어려울수록 단점을 보완하려고 한다.

하루는 용접하시는 분이 경기가 어려워지니까 창업지원센터에 가서 빵 굽는 기술을 배우겠다고 찾아왔다.

"목사님, 용접하는 일이 자꾸 줄어드네요.

"요즘 다 힘들긴 하죠."

"시간이 지날수록 힘들어요. 저도 뭔가 직업을 바꿔야 할 때가 온 거 같습니다."

"하지만 10년이 넘게 하신 일이잖아요?"

"이렇게 나가다가는 비전이 없어요."

"끝까지 버티면 되지 않을까요?"

반면에 빵집 사장님은 경기가 어려워지자 용접하는 일이 차라리 낫다고 생각하고는 빵집을 접고 용접 기술을 배웠다.

"집사님, 절대로 빵집을 그만두시면 안 돼요. 빵 굽는 기술이 하루 이틀에 되는 게 아니잖아요!"

"참을 만큼 참았어요. 그래도 목구멍에 풀칠은 해야 되잖아요!"

"빵 굽는 기술이 너무나 아까워요!"

힘닿는 데까지 말렸지만 역부족이었다.

큰 화물 트럭을 하시던 분들이 닭집이라도 하시겠다고 트럭을 팔아 닭집을 열었다. 닭집을 하시던 분은 장사가 잘 안 되자 화물을 하시겠다고 트럭을 구입해 몰았다. 열심히 뜯어 말렸지만 2년 뒤 모두 망했다.

상식적으로 생각해 보자. 용접이 한두 달 배운다고 가능한 일인가? 빵 굽는 일이 한두 달 직업훈련원에서 배운다고 가능할까? 이 시대의 비극은 아마추어가 새롭게 큰일을 자꾸 시도하는 데 있다. 세미프로라도 되면 모를까. 세상도 이럴진대 하물며 신앙의 세계는 어떠한가?

부산 포도원교회를 갔다가 메시지가 계속 막힌 적이 있었다. 많은 성도님들과, 김문훈 목사님 앞에서 하다가 보니까 나답지 않게 점잖게 했다. 그렇게 하다 보니 메시지가 밍숭맹숭해지면서 강단이 썰렁해지기 시작했다. 나의 강점을 포기했기 때문이다. 집회가 끝나고 담임목사실에 갔다.

"안 목사, 쫄 필요 없어, 평소 하던 대로 해! 젊음, 패기, 열정, 또라이!"
"가장 나다운 것이 세계적인 것이여!"

그때부터 나는 나다운 것을 찾는 데 집중하고, 우리에게 없는 것을 불평하기보다 우리에게 있는 강점을 사용하는 데 모든 에너지를 집중한다.

칼을 내려놓고 물맷돌로 승부한 다윗처럼 말이다.

가 봐야 천국밖에 더 가겠어요?

†

　목회를 하면서 성도들이 병원에 입원하고, 교회를 이유 없이 떠나가고, 상처를 주고 영적인 어두움 속에 다시 들어가고, 스스로 인생을 포기하고 생을 끊으려는 양들도 있다. 그 아픔을 고스란히 목자는 느낀다. 어느 목사님은 이런 고통이 올 때마다 감당할 수가 없어서 외면하기를 반복했다고 한다. 결국 양들에 대한 사랑까지도 점점 식어 갔다는 이야기를 들었다. 나는 그러지 못한다. 그대로 그냥 무시하고 지나쳐 가지 못한다. 속이 터지고 가슴이 답답하고, 미치고 환장할 것 같은 아픔이 그대로 전해진다. 마음의 고통은 육체에까지 전해지기 마련이다. 한번은 과로에다 온갖 교회의 성도들의 아픔이 나의 임계점을 넘어서서 병원에 실려 간 적이 있다. 배가 아파 오고 장이 온통 꼬여 갔다. 마약 성분의 진통제를, 암환자들이 최후에 맞는 진통제를 맞왔다. 맹장이 터진날도 걸어서 병원에 갔을 정도로 참을성만큼은 둘째 가라면 서러운 나도 그날 밤새워 이어지는 고통은 정말 참기 힘들었다.

"아직도 아프세요?"

"네…. 으, 죽…을… 거… 같….'

"그럼 주사를 한 대 더 놔 드릴게요."

주사를 놓았는데 전혀 기별이 없다.

"지금은 어떠세요?"

"으, 아….'

"효과가 전혀 없네? 허 참, 이상한 일이군."

"아…아….'

"계속 아프다고 하시면 한 대만 더 놔 드릴게요."

마약 성분이 강한 진통제라 넉 대 이상은 맞으면 안 된다고 했다. 하지만 고통은 전혀 줄지 않았다.

'내일이 주일인데 큰일 났네, 교회에 가서 말씀을 전해야 하는데…. 아아….'

누워서도 내일 전할 말씀 준비에만 온갖 신경이 곤두서 있을 뿐 고통 따위가 문제가 아니었다. 깊이를 알 수 없는 통증 속에서 주님을 불렀다.

'주님, 제발 걸어갈 수만 있게 해 주시면 말씀을 전하겠습니다.'

그렇게 밤을 샜다. 잘 잤는지 신음 속에 사경을 헤맸는지 잘 모르겠다. 아침이 되니 걸을 만해졌다.

'그래, 이 정도면 됐다. 가자!'

의사가 뜯어말렸다.

"아니, 왜 못 가게 하세요. 전 괜찮아요!"

"목사님, 지금 이 상태로 이러시면 안 됩니다."

"난 가야 돼요, 말씀 전하러 가야 해요!"

"큰일 나요. 지금 전체적으로 상태가 안 좋아요."

"제 몸은 제가 잘 알아요, 갈 수 있게 해 주세요!"

"제가 의사인데 제가 더 잘 알아요. 정말 이대로 가시면 아주 가시는 수가 있습니다."

"가 봐야 천국밖에 더 가겠습니까? 보내 주세요."

"아 참, 목사님도…."

다윗은 하나님의 능욕과 조롱, 하나님에 대한 능멸을 외면하지 않았다. 사랑하는 사람이 모욕을 당하고 능욕을 당하는데도 대다수의 성도들이 가만히 구경만 하겠는가! 우리 아버지를 욕하고 어머니를 멸시하는데 가만히 구경만 할 자식이 어디에 있겠는가! 다윗은 사랑하는 하나님의 아픔을 느꼈다. 도저히 참을 수가 없었다. 나는 달려가서 하나님의 말씀을 전해야만 했다.

인터넷에 기독교 관련 기사가 뜨면 수백, 수천 개의 기독교를 능멸하는 악성 댓글이 주루루룩 달린다. 악성 골리앗이다. 이 시대의 풍조가 이젠 목사를 조롱하고 욕하는 데를 넘어서 하나님까지 모욕한다. 기독교라고 하지 않고 개독교라고 한다.

교계에서조차 공공연히 패배감에 쩌든 말들을 떠들고 있다.

"이제 개척의 시대는 끝났다."

"농촌교회는 안된다."

"한국 교회의 부흥은 끝났다."

"지금은 옛날처럼 십자가만 꽂아도 사람들이 찾아오는 시대가 아니다."

"상가교회에는 사람들이 안 온다."

이런 요망한 말을, 요사스런 말을 아주 대놓고 말한다. 믿음이 없는 불신자들의 입에서 나오는 말이 아니다. 목사님들이, 신학자들이 하는 이야기다. 왜 이리도 안 되는 게 많은지 모르겠다. 마귀 입장에서는 박수를 칠 일이다. 하지만 하나님 입장에서 이게 될 법한 소리인가? 하나님의 심정, 하나님의 마음을 조금이라도 아는 사람이라면 이런 불신이 충만할 소리를 해서는 안 되는 것이다. 하나님께서 이 말을 들으시면 어떻게 생각하실까? 하나님의 능력을, 하나님의 일하심을 무시하는 말이 아닌가! 하나님을 사랑한다면 아픔까지도 함께해야 한다. 하나님을 모욕되게 하는 행동과 말을 삼가야 하는 것이다.

'아픔이 곧 사명이다'란 말을 미국의 유명한 방송인인 오프라 윈프리가 했다. 흑인이며 학력도 외모도 과거도 배경도 요즘 기준으론 성공의 요소를 전혀 갖고 있지 않은 사람이다. 소위 요즘 말로 "안 돼~" 스러운 요소만 두루두루 갖추었다. 그녀의 방송 주제는 힐링이다. 그녀의 프로를 보기 위해 동시 시청하는 미국의 시청자가 1,400만 명이 넘는다고 한다. 132개국에 동시 생중계되고, 그녀가 어떤 책을 이야기하면 순식간에 다음 날 베스트셀러가 되고, 장애인을 대학에 보내자고 모금을 했더니 수백만 달러가 순식간에 모였다. 아픔을 가진 수많은 출연자가 나오면 오프라 윈프리가 이들의 문제를 치유해 나간다. 정신적으로만 치유하는 것이 아니다. 자립을 할 수 있을 때까지 실제적인 도움을 주는 것이다.

　다행히 그날 설교는 어느 때보다 더 은혜가 넘쳤다. 그날은 성령강림절이었다.

순종이 제사보다 낫다

†

　다윗은 하나님의 말씀을 순종했다. 부모님을 사랑하는 가장 좋은 방법, 부모님을 사랑하는 가장 좋은 표현은 순종하는 것이다. 하나님께서는 우리가 당신을 사랑하는지 아닌지를 알기 위해 때로는 우리를 시험하신다고 한다.

　누가 나를 찾아와서 이렇게 말한다고 하자,

"나는 예언자입니다. 당신의 미래를 예언해 드리겠습니다."

"예? 제가 이번에 큰 사업을 벌였는데 어떻게 되겠습니까?"

"6개월까지는 힘들고 정확히 이번 크리스마스 즈음에는 사업이 크게 번창할 겁니다."

"아, 예. 감사합니다. 근데 우리 아들이 올 가을 수능을 보는데 어떻게 되겠습니까?"

"올해 운수대통입니다. 서울에 있는 S대에 합격합니다."

"정말요! 감사합니다!"

불확실하고 불안한 상황에서 누군가가 확신에 찬 예언을 해 준다면 그 사람을 찾아 의지하려 들지 않겠는가? 지금도 얼마나 점집, 무당집이 많은가? 예전에 기독교 잡지에 무당을 찾는 기독교인들의 실태에 관한 기사가 실린 적이 있다. 무당들은 100퍼센트 기독교인지 아닌지 안다고 한다. 영적으로 아는 게 아니다. 답이 신기하다. 기자가 물었다.

"아니, 어떻게 기독교인인지 아닌지 알죠?"

"기독교인지 아닌지는 금방 알아요."

"뭔가 영적인 느낌이 오나요?"

"하하하… 천만에요."

"예?"

"대부분의 사람들은 내가 이야기를 하면 믿습니다."

"아, 그렇겠죠."

"하지만 기독교인들은 꼭 이렇게 말을 합니다. '정말이에요?' '에이, 그럴리가요' 의심을 합니다. 하지만 그러면서도 믿으려고 합니다. 그러니 찾아왔겠지요."

점집, 무당집을 찾는 기독교인들은 일단 의심을 하고 나서야 믿는단다. 기가 막힌 노릇이 아닐 수 없다. 하나님께서는 우리에게 하나님을 사랑하는지 아닌지를 확인하시기 위해 우리 주변에 이런 거짓 예언자들을 남겨 놓는다고 하셨다.

다니엘과 느헤미야 말씀에도 주를 사랑하고 주의 계명을 지키는 자에게 언약을 지키시고 인자를 베푸신다고 약속하신다. 하나님께서 기뻐하시는 것이 무엇일까? 그것은 하나님의 말씀에 순종하는 것이다.

사무엘이 가로되 여호와께서 번제와 다른 제사를 그 목소리 순종하는 것을 좋아하심같이 좋아하시겠나이까 순종이 제사보다 낫고 듣는 것이 수양의 기름보다 나으니(삼상 15:22)

목사도 좀 사랑합시다

✝

장경동 목사님이 부흥회 마지막 날 꼭 하시는 말씀이 있다.

"여러분! 이것저것 잘하시고 (…) 목사님한테도 잘하세요. 그러면 아멘 하고 받지, 어떤 사람은 꼭 세상에 가재는 게 편이라더니 결국은 목사한테 잘하라네. 이러면 시험 든 성도예요."

그렇다. 하나님의 종을 사랑해야 하는 두 가지 이유가 있다. 누군가를 사랑하면 그와 관련된 것도 사랑하게 된다. 우리 속담에 '마누라가 좋으면 처갓집 말뚝에도 절한다'는 말이 있다. 주의 종은 하나님의 말씀을 전달하는 메신저이기에 주의 종을 사랑해야 한다. 아브라함에게 하나님의 말씀을 전하기 위해 온 사자들이 왔을 때 아브라함은 융숭하게 대접했다. 하나님의 사람 엘리야에게 사르밧 과부는 자신의 남은 한 끼 남은 식사를 드려 대접하였고 덕분에 차고도 넘치는 축복을 받았다. 엘리사를 섬겼던 수넴 여인에게는 아들을 주시고 아들이 죽었을 때 아들을 살리시는 은혜를 베푸셨다.

만인 제사장을 주장하며 주의 종의 권위조차 인정하지 않는 사람들이 있다.

"우리랑 똑같은 사람이지 뭐가 다른감?"

"우리도 성경 읽을 수 있는데, 중세 시대랑 같은가?"

"우리도 성경 해석할 수 있는데 목사가 꼭 필요한가?"

또 한 가지는 하나님의 마음을 전달하는 사람이기에 그렇다. 부흥하는 교회는 하나님과 함께 느끼고, 담임목사도 하나님의 마음을 똑같이 느끼고, 성도들도 똑같이 하나님의 마음을 경험한다. 하나님의 말씀을 증거하는 특별함을 받은 주의 종을 존경하고 사랑하기보다는 무시하고 괄시하고 아무렇지도 않게 생각하는 것이다. 이런 말씀을 증거하면 도리어 목사님들이 뜯어말린다.

"안 목사, 그렇게 설교하면 권위주위자라고 해."

"안 목사, 참아. 그래서 우리가 욕먹는 거야!"

"우리가 우리 얘기 노골적으로 하는 게 좀 그렇지 않아?"

성경이 말씀하고 성경이 증거한다면 더욱 가르쳐야 한다. 요즘은 세상이 하수상하여 목사를 마치 동네 아저씨만큼도 취급 안 한다. 성도들이 복받을 수 있는 비결인데 왜 주저해야 하는가!

복음서에는 12제자와 사도행전의 12제자가 있다. 복음서의 12제자는 도망갔고, 사도행전의 12제자는 모두 죽기까지 순종하며 하나님의 복음을 전했다. 도리어 예수님의 고통을 똑같이 받을 수 없다며 거꾸로 십자가에 달아 달라며 순교했다. 사도행전 오순절 마가의 다락방에 성령이 임하자 180도 완전히 달라졌다. 성령의 임하심은 하나님의 마음과 우리의 마음이 하나 된다는 뜻이다. 우리의 삶이 변화되기를 원한다면 하나님의 마음을 알아야 한다. 하나님께서는 결코 주의 종에게 함부로 하기를 원하시지 않는다. 잘 섬기라고 말씀하신다. 로마서 8장 38~39절 말씀을 읽으면 가슴이 뜨거워지고 뭉클해진다.

내가 확신하노니 사망이나 생명이나 천사들이나 권세자들이나 현재 일이나 장래 일이나 능력이나 높음이나 깊음이나 다른 아무 피조물이라도 우리를 우리 주 그리스도 예수 안에 있는 하나님의 사랑에서 끊을 수 없으리라(롬 8:38~39)

사망도, 높음이나 깊음이나 그 어떤 피조물이라도 하나님과 우리의 사랑을 막을 수 없다. 그런데 뭐가 두렵고 뭐가 안 되고 뭐가 절망케 한다고 말하는가? 입으로만 관계로만 형식적으로만 사랑하는 관계를 나누지 말고 주의 종이 느끼는 아픔, 고통을 함께 나누고 느껴야 한다.

사랑합니다 나의 예수님
사랑합니다 아주 많이요
사랑합니다 나의 예수님
사랑합니다 그것뿐이에요

사랑한다 아들아
내가 너를 잘 아노라
사랑한다 내 딸아
네게 축복 더하노라

사랑한다면 그를 위해 죽기까지 가능한 것이다. 내 자식이 심장이 망가져 숨을 할딱할딱 하고 있다면 당장이라도 그 부모가 심장을 떼어 주는 게 당연한 것 아닌가? 이상한 것이 아니다. 요즘의 사랑과 헌신은 뭔 놈의 조건이 그리도 많은지, 뭔 놈의 이유가 그리도 많은지, 결국은 못 하겠다는 것이다.

울산온양순복음교회를 개척하고 많은 분들이 찾아왔지만 진정 주님을 사랑하는 분들을 찾는 것은 힘들었다. 그러나 그 와중에도 하나님의 마음을 아는 심장을 가진 진주와도 같은 성도들이 있어 오늘날 울산온양순복음교회의 기둥이 되어 밀알이 되어 이끌고 있다.

이제 마무리할 시간이 왔다. 나는 이 글을 읽은 성도님들이 이제부터 한국 교회의 희망의 불씨가 되기를 희망한다. 하나님의 뜨거운 심장을 가지고 함께 그 대열에 동참하기를 소원한다. 하나님 아버지의 피맺힌 소원인 전도 대열에 참여하기를 기대해 본다.

끝까지 읽어 주신 성도 여러분!

감사합니다! 사랑합니다! 축복합니다!

"주여! 다윗에게 임했던 그 성령이 임하셔서, 하나님의 심장을 소유하게 하시어 주님의 아픔을 함께 느끼며 진심으로 주님을 사랑하게 하옵소서!"